国家出版基金项目
NATIONAL PUBLICATION FOUNDATION

General Textual Research on Dissemination of Editions of Marxist Classical Works

马克思主义经典文献传播通考

杨金海　李惠斌　艾四林　主编

《关于自由贸易问题的演说》邹锺隐译本考

杨兴业　著

辽宁人民出版社

图书在版编目（CIP）数据

《关于自由贸易问题的演说》邹锺隐译本考 / 杨兴业著. —沈阳：辽宁人民出版社，2021.4
（马克思主义经典文献传播通考 / 杨金海，李惠斌，艾四林主编）
ISBN 978-7-205-10144-2

Ⅰ. ①关… Ⅱ. ①杨… Ⅲ. ①马克思著作研究 Ⅳ. ①A811.22

中国版本图书馆CIP数据核字（2021）第037561号

出版发行：辽宁人民出版社
地址：沈阳市和平区十一纬路25号 邮编：110003
电话：024-23284321（邮 购） 024-23284324（发行部）
传真：024-23284191（发行部） 024-23284304（办公室）
http://www.lnpph.com.cn
印 刷：辽宁新华印务有限公司
幅面尺寸：160mm×230mm
印 张：15.75
字 数：190千字
出版时间：2021年4月第1版
印刷时间：2021年4月第1次印刷
责任编辑：董 喃
装帧设计：晓笛设计工作室 舒刚卫
责任校对：耿 珺
书 号：ISBN 978-7-205-10144-2

定 价：70.00元

马克思主义经典文献传播通考

本丛书研究得到“教育部哲学社会科学研究‘庆祝中国共产党成立百年’重大专项”资助

总序

呈献给读者的这套“马克思主义经典文献传播通考”，旨在立足于21世纪中国和世界发展的历史高度，对我国1949年以前马克思、恩格斯、列宁等重要著作的中文版本进行收集整理，并作适当的版本、文本考证研究，供广大读者特别是致力于深入研究马克思主义经典作家原著的读者阅读使用。计划出版100种，4年内陆续完成编写和出版工作。

一、“马克思主义经典文献传播通考”概念界定

“马克思主义经典文献传播通考”在我国学术界是一个全新的概念。之所以这样说，是因为过去从未有人用过这一术语，甚至未曾有过这一理念。在我国学术界，对中国传统经典文献的考据乃至通考性的整理研究并不鲜见，包括对儒、释、道等经典的通考性整理研究成果十分丰富，但对近百年来中文版马克思主义经典文献的考据以及整理性研究只是近年来才逐渐为人们所认识，至于在此基础上的通考性整理研究还几乎没有进入人们的视野。所以，首先有必要对这里所说的“马克思主义经典文献传播通考”这一概念

的含义进行说明。

第一，这里所说的“马克思主义经典文献”，主要是指中文版的马克思、恩格斯、列宁的著作，斯大林的重要著作也适当列入。这些经典文献在中国的翻译传播，如果从1899年初马克思、恩格斯的名字和《共产党宣言》的片段文字传入中国算起，迄今已有120年时间，而且经典著作的翻译传播今天仍然在进行中。但为了工作方便，我们这里主要收集整理1949年以前的经典文献。原因是中华人民共和国成立后的经典著作翻译成果比较系统、完整，又使用比较标准的现代汉语，翻译术语也比较一致，在可见的时间内不需要进行深入的考证说明，同时我们人力有限，也无力做如此浩大的经典文献整理研究工作，只好留待后人去做。再则，这里所列入的主要是比较完整的经典著作文本，不包括片段译文文本，因为这些片段译文太过繁多复杂，我们也无力进行全面的整理研究。当然，个别十分重要的片段译文，也会在考据说明中论及，有的还会附上原文或部分原文。但总体说来，片段译文整理研究工作，也只能留待后人去作分门别类的整理研究了。

第二，这里所说的马克思主义经典文献“传播”，主要是指上述经典文本的翻译、出版，有时也会涉及学习、运用这些著作及其社会影响的情况。这些经典文献在我国的片段翻译传播从清末就开始了。其中，中国资产阶级改良派、革命派等都做过一些工作，但那时人们只是把马克思主义作为西方学术思潮之一来介绍，并没有自觉地把它当作指导中国社会发展的思想来研究运用。真正自觉把马克思主义作为指导中国革命的思想是十月革命之后的事。毛泽东曾经说过：“十月革命一声炮响，给我们送来了马克思列宁主义。”[1]正是从这个意义上说的，是完全正确的。也正是在这个意义上说，李大钊是马克思主义中国化的第一人。在李大钊的引领下，五四新文化运动期间，马克思主义经典文献在中国的翻译传播形成了高潮。在这一时代大潮的推动下，1920年8月，陈望道翻译的《共产党宣言》完整中文译本在上海出版，这是我国历史上第一本完整的中文版马克思主义经典著作，从此开始了大量翻译马克思主义经典著作的历程。特别是1921年中国共产党成立后，我们党更加自觉地有组织、有计划地翻译经典著作。在土地革命战争、抗日战争、解放战争期间，在十分困难的条件下，这一工作始终没有停止。特别是在延安时期，于1938年5月5日马克思诞辰纪念日，中共中央成立了“马列学院”，其主要任务之一就是翻译马列经典著作。以此为阵地，我们党所领导建立的马克思主义翻译和理论研究队伍做了大量工作，到1949年中华人民共和国成立前，主要的马克思主义经典著作中文文本基本上都出版了。同时，在国民党统治区和日伪军占领区，很多进步人士和出版机构特别是三联书店，为马克思主义经典著作的翻译出版作出了重要贡献。设在苏联的莫斯科外国文书籍出版局的中文部为翻译出版中文版马克思主义经典著作作出了特殊重要的贡献。我们这套丛书就是要系统地反映经典著作翻译传播的这一历史过程。同时，也适当反映学习、运用马克思主义理论的历史面貌。

第三，这里所说的马克思主义经典文献传播“通考”，主要是指对上述经典文本的考据性整理和研究。文献考据或考证研究是中国学者作

---

① 毛泽东：《论人民民主专政》，载《毛泽东选集》第四卷，人民出版社1991年版，第1471页。

学问的优秀传统，也是中国学术的一个显著特点。比如古代的经学研究，一定要作相关的文字学、训诂学、版本学、辨伪学、音韵学等的考证研究。没有这些考证工作，得出的结论就靠不住。我们力求继承这个传统，同时，借鉴现代文献学研究方法，来从事马克思主义经典文献传播研究。按照古今文献考据方法，我们将深入考证研究马克思主义经典著作等文献传入中国的各个方面、各个环节，包括文本考据、版本考据、术语考据、语义考据、语用考据、辨伪考据、人物事件考证等。（1）文本考据是对经典著作文本的翻译以及文本内容进行考证研究。如对《共产党宣言》1949年前多个中文版本的翻译情况进行考证并进行各个文本内容的比较研究，考证前人对有关重要思想理解的变化。（2）版本考据是对经典著作等文献的出版性质和版次的考证研究。如《共产党宣言》的某个中文译本是否一个独立译本、是第几次印刷等，都要考证清楚。（3）术语考据主要是对经典著作中的重要概念、术语以及人名、地名的考证研究。如“社会主义”这个概念在历史上曾经有多种译法，这就需要考证清楚。（4）语义考据是对概念含义变化的考证研究。如对“社会主义”的理解在历史上曾经多种多样，需要考证清楚。（5）语用考据是对概念的运用和发展的考证研究。（6）辨伪考据是对有关文献的真假进行考证研究。如有的文章不是马克思写的，而被误认为是马克思写的，后来收入了《马克思恩格斯全集》中文第一版中，这就需要澄清。（7）人物事件考证是对翻译者、传播者以及相关事件等进行考证，以期弄清经典文献翻译出版的来龙去脉。进一步讲，每一类考据又有很多种具体研究工作。如文本考据，包括中外文的文本载体形式研究、文本内容类别研究、文本收集典藏研究、文本整理利用研究、经典作家手稿研究、翻译手稿比较研究、文本研究的历史发展概况研究等。一句话，要做到“辨章学术，考镜源流”。这样，我们的文献考证工作才能做扎实。

同时，还力求借鉴西方解释学的方法，对有关重要概念作更深入的考证研究。既要对某一概念作小语境的考证，即上下文考证，又要作大语境考证，即对当时人们普遍使用此类术语的情况以及当时的历史文化背景作考证研究。进行这些考据工作很有意义，但绝非易事，这就要求我们掌握马克思主义经典著作的翻译史、传播史以及当时整个社会的语言文字环境，还要掌握外文，能够进行外文和中文的比较研究、各个中文版本的比较研究以及相关版本的比较研究。只有这样，才能准确把握经典作家思想的含义，对有关文本、译者的工作等作出公正合理的评价。

在这里，“通考”工作的两个方面即文献整理与考证研究是不可分割的。一方面要把这些文本整理出来，另一方面要把这些文本以及相关的问题考证研究清楚。文献整理是前提和基础，没有前期的文献收集整理就不可能进行深入研究；但考证研究又能够反过来促进文献整理，帮助我们进一步弄清文献之间的关系以及发现新文献，比较完整地再现经典文献的历史风貌。

第四，“马克思主义经典文献传播通考”是一个跨学科、跨专业、综合性、基础性的概念。总体上说，它是马克思主义学科的范畴，但也是文献学、传播学、翻译学、语言学、历史学、文化学、思想史等学科的概念。所以，要深化考证研究工作，需要各个学科的学者共同努力。我们这里只能为各个学科的研究做一些基础性工作。

还需要说明的是，正如大家所知道的，对任何概念的界定都有其局限性，它只能大致说明事物的本质、内涵，而不可能囊括一切。“马克思主义经典文献传播通考”这个概念也是如此，因为它涉及问题、学科太多，不可能十分精确，故而只能作上述大致说明。对这项工作内涵的理解，大家还可以进一步探讨。我们的想法是，“行胜于言”，无论如何，先把这一工作开展起来，在以后的工作中再逐步完善。

二、马克思主义经典文献传播通考何以必要

开展马克思主义经典文献传播通考这项工作之所以必要，是因为事出有因，且势在必然。总体而言，这是中国改革开放40多年实践发展的必然，也是马克思主义理论界乃至整个社会思想文化界深入研究探讨一系列重大理论问题的逻辑必然。

“问题是时代的呼声。”20世纪80年代和90年代初，伴随着改革开放的推进，人们对以往所理解的马克思主义基本理论、基本观点等提出了不少质疑。特别是在“什么是马克思主义”“什么是社会主义”这些重大问题上，人们普遍感觉到过去没有弄清楚，需要重新加以理解。邓小平曾经说过：“不解放思想不行，甚至于包括什么叫社会主义这个问题也要解放思想。”[①]他后来又强调说：“什么叫社会主义，什么叫马克思主义？我们过去对这个问题的认识不是完全清醒的。”[②]于是，如何真正全面而准确地理解马克思主义、社会主义成为改革开放时代的大问题。围绕着这个重大时代课题展开了多方面讨论，形成了很多不同

① 《邓小平文选》第二卷，人民出版社1994年版，第312页。
② 《邓小平文选》第三卷，人民出版社1993年版，第63页。

观点。

为回答时代面临的课题，人们重新回到“经典文本”，力图把握马克思主义、科学社会主义最原初最本真的含义。这种情况反映到理论界，就提出了“回到马克思”的口号。由此很多学者发表了一系列文章、著作，讨论了各种解读马克思主义经典文本的方式，如“以马解马”即用马克思的话解读，“以恩解马”即以恩格斯的话解读，“以苏解马”即以苏联式马克思主义解读，“以中解马”即以中国化马克思主义解读，等等。这些讨论对人们从不同角度深化对马克思主义的认识发挥了积极作用，但是，问题依然没有被很好解决，因为对文本的理解各有不同，争论仍然不可避免。

随着探讨的深入，人们进一步追问起“文本翻译”问题。有人力图回到经典著作的外文文本即欧洲语言文本，认为中文版的“文本翻译”存在问题。例如，有人认为《共产党宣言》中的“消灭私有制”翻译错了，影响了对所有制改造的理解，这是我们在很长时期内追求“一大二公”社会主义所有制的根源所在，应当翻译为“扬弃私有制”，即对私有制既克服又保留。此种理解似乎可以为改革开放政策提供理论支撑，但也有对马克思主义经典著作的实用主义解读嫌疑，由此同样遭到了批评。

随着对经典文本翻译问题探讨的深入，“版本研究”被提上日程。人们发现在不同历史时期，翻译者对经典著作中重要术语的翻译是不同的，这表明中国人对马克思主义重要观点的理解是在不断变化、不断深入的。比如，在中华人民共和国成立之前，《共产党宣言》有6个完整而独立的中文译本，其中对“消灭私有制”的翻译均不完全相同。1920年陈望道译本是："所以共产党的理论，一言以蔽之，就是：废止私有财产。"1930年华岗译本是："所以共产党的理论可以用一句话来综结，就是：废止私有财产。"1938年成仿吾、徐冰译本是："在这个意义上，共产党人可以把自己的理论归纳在这一句话内：废除私有财产。"1943年8月博古译本是："在这个意义上，共产党人可以用一句话表示自己的理论：消灭私有财产。"1943年9月陈瘦石译本是："从这一意义上说，共产党的理论可用一句话概括：废除私产。"1949年莫斯科译本是："从这个意义上说，共产党人可以把自己的理论概括为一句话：消灭私有制。"可见，关于"消灭私有制"这一重要语句的译法有一个越来越准确的过程。原来译为"废止私有财产"等，只看到了这一观点的表象，只有译为"消灭私有制"才能抓住实质，即从经济制度上解决资本主义国家的社会问题。陈瘦石（当时生活在国民党统治下的知识分子）译为"废除私产"，很不准确，甚至有曲解，因为共产党人要废除的是私有财产制度，而不是简单废除包括私人生活资料在内的私产。由于人们在不同时期、不同社会条件下对《共产党宣言》理解不同，这就需要深入研究这部书的各个版本，并在此基础上进行历史性的文本比较研究。

经典著作"版本研究"深化的一个重要标志应当说是对《共产党宣言》版本的全面考证研究。1998年是《共产党宣言》发表150周年。为纪念这部不朽经典，也为更好理解马克思主义的本质要义，中央编译局和中央电视台联合制作了大型电视文献纪录片《共产党宣言》，笔者作为本片的主要撰稿人，和老专家胡永钦研究员一起对《共产党宣言》的中文版本第一次作了比较全面的梳理，发现这部书总共有12个独立而完整的中文译本，中华人民共和国成立前后分别有6个译本。[①]后来中国人民大学的高放教授又作了进一步研究，认为连同中国香港、台湾等地中文译本，《共产党宣言》共有23个中译本。[②]此后，学术界研究《德意志意识形态》《资本论》等经典著作版本的成果也越来越多。通过版本比较研究，人们对经典作家思想的理解越来越深。

对经典文本、翻译、版本研究的深入，又促使马克思主义"传播史"研究兴盛起来。人们发现，只孤立研究某一经典著作的文本、翻译、版本还不够，要深入把握中国人对马克思主义基本观点理解的变化，还需要研究马克思主义在中国传播的完整历史，包括马克思恩格斯列宁名字的翻译、经典著作的片段翻译、经典文本的完整翻译以及出版传播等。比如，关于马克思的名字翻译在历史上就有十几种，包括"马克司""马尔克斯""马陆科斯""马尔格士""麦喀氏""马儿克""马尔克""马克斯"等。通过研究传播史，才能把各个历史阶段的各种经典著作文本的关系弄清楚，通过对其中话语体系主要是概念体系的研究，从整体上弄清中国人100多年来对马克思主义、社会主义的重要概念、主要思想观点的理解。比如"社会主义"一词，在1899年2月发表的《大同学》一文中被译为"安民新学"，这是按照中国传统儒家思想对社会主义的理解；后来借用日文翻译术语，学术界广泛认同并接受了"社会主义"一词的译法，但对它的理解仍然很不相同。比如，孙中山理解

① 杨金海、胡永钦：《〈共产党宣言〉在中国的翻译、出版和传播》，载《科学社会主义》1998年"纪念《共产党宣言》发表一百五十周年"特刊；又见杨金海：《〈共产党宣言〉与中华民族的百年命运》，载《光明日报》2008年7月3日。

② 高放：《〈共产党宣言〉有23种中译本》，载《光明日报》2008年10月16日。

的社会主义和后来共产党人理解的社会主义就很不相同。实际上，直到今天我们学术界乃至整个思想界对社会主义的理解还在深化。传播史研究就是要研究这种变化发展的历史，从中发现规律性的东西，澄清人们在一些重大理论问题上的模糊认识，特别是要避免重复劳动。因为有很多现在争论的问题在历史上曾经出现过，有的早已解决，但由于人们不了解历史，常常旧话重提，造成重复劳动甚至新的思想混乱。传播史研究可以有效弥补这方面的不足。

中央编译局的学者们在马克思主义传播史研究方面做了大量工作。从20世纪50年代开始，由于翻译马克思主义经典著作的需要，编译局前辈学者就在不断研究梳理前人的翻译成果，并开展了马克思主义传播史方面的初步研究和宣传普及工作。1954年，中央编译局举办了“马列主义在中国的传播”展览，之后编辑了《马克思列宁主义著作在中国的传播》一书；1957年，为纪念十月革命胜利40周年，又与北京图书馆（即现在国家图书馆前身）合作主办展览；1963年，中央编译局专家丁守和、殷叙彝出版了《从五四启蒙运动到马克思主义的传播》一书；1983年，为纪念马克思逝世100周年，举办了“马克思恩格斯著作在中国”展览，之后编辑整理并由人民出版社出版了《马克思恩格斯著作在中国的传播》一书；1998年，举办了“《共产党宣言》发表一百五十周年”展览，并与中央电视台合作创作了两集文献纪录片《共产党宣言》，笔者为主笔；2011年，为庆祝中国共产党成立90周年，建立了我国第一个“马克思主义传播史展览馆”，创作了8集文献纪录片《思想的历程》，并由中央编译出版社出版《思想的历程——马克思主义在中国的百年传播》一书，笔者为总撰稿；2018年，为纪念马克思诞辰200周年，在国家博物馆举办“真理的力量——纪念马克思诞辰200周年”主题展览。2018年，根据中央机构改革方案，中共中央编译局与中共中央党史研究室、中共中央文献研究室合并成立了中共中央党史和文献研究院，但中央编译局的牌子仍然保留，以便继续用该名出版马列著作，有关专家学者仍然奋斗在马克思主义传播史研究的前沿阵地。由笔者牵头、一批中青年学者参加承担的国家社科基金重点项目“马克思主义传播史研究”正在进行，其出版成果《马克思主义传播史（中国卷）》两卷本也即将推出。

我国各高校、科研机构以及有关学者在马克思主义传播史研究方面作出了重要贡献。1955年，苏联学者柯托夫的《马克思主义在俄国的传播》一书由于深翻译，在时代出版社出版；次年，苏联学者巴特里凯也夫的《俄国现代无产阶级的出现——马克思主义在俄国的传播》由孟世昌翻译，在上海人民出版社出版。受苏联专家的影响，中国学者也开始研究马克思主义传播问题。比如，北京大学的黄楠森教授等于20世纪50—60年代，就开始研究马克思主义哲学史，其中包括马克思主义传播史内容，70年代初编成油印本。改革开放后，他与施德福、宋一秀教授一起正式出版了三卷本的《马克思主义哲学史》；后来黄楠森又与庄福龄、林利一起主编了八卷本《马克思主义哲学史》，其中第四卷讲马克思主义哲学在俄国的传播与发展，第七卷讲马克思主义哲学在中国的传播和发展。北京大学的林代昭、潘国华于1983年编辑了《马克思主义在中国——从影响传入到传播》，作为“中国近代思想和文化史料集刊”出版。中国人民大学的林茂生于1984年出版了《马克思主义在中国的传播》一书。中国社会科学院近代史研究所的唐宝林于1997年出版了《马克思主义在中国100年》，后来又再版，影响很大。此外，还有其他学者发表了若干关于马克思主义传播史的著作和文章。如姜义华在1983年《近代史研究》第1期发表《马克思主义在中国的初期传播与近代中国的启蒙运动》一文；高军在1986年完成《五四运动前马克思主义在中国的介绍与传播》一书，由湖南人民出版社出版；王炯华于1988年出版《李达与马克思主义哲学在中国》；桂遵义于1992年出版《马克思主义史学在中国》等。

进入21世纪后，我国学者在马克思主义传播史方面的研究成果更多，视野更广阔，特别是深化了分门别类的研究。一是加强早期传播的研究。如王东等于2009年出版《马列著作在中国出版简史》；田子渝等于2012年出版《马克思主义在中国初期传播史（1918—1922）》；方红于2016年出版《马克思主义在中国的早期翻译与传播》等。二是加强分支学科传播史的研究，包括马克思主义哲学、经济学、法学、新闻学、文艺理论、党建理论、宗教理论等传播史研究。如谈敏于2008年出版《回溯历史——马克思主义经济学在中国的传播前史》；庄福龄于2015年出版《中国马克思主义哲学传播史论》；胡为雄于2015年出版《马克思主义哲学在中国传播与发展的百年历史》；文正邦于2014年出版《马克思主义法哲学在中国》；张小军于2016年出版《马克思主义法学理论在中国的传播与发展（1919—1966）》；丁国旗于2017年出版《马克思主义文艺理论在中国》等。三是加强地方传播史研究。如淮北市委党史研究室于2004年出版《中国共产党淮北地方史》第一卷，专门用一节讲述了“马克思主义在淮北的传播”；闫化川于2017年出版《马克思主义是怎样生根中国的——马克思主义在山东早期传播研究》；2017年，黄进华出版《马克思主义在哈尔滨传播的历史经验和现实启示》。四是加强对马克思主义翻译家和理论家的研究。如叶庆科于2006年出版《杨匏安：我国传播马克思主义的先驱》；郭刚于2010年出版《中国早期马克思主义的传播——梁启超与西学东渐》；笔者主编的《姜椿芳文集》《张仲实文集》分别于2011年、2015年问世，其中包括对姜椿芳、张仲实两位马克思主义翻译大家所作贡献的研究介绍；西南财经大学经济学院和马克思主义经济学研究院编《陈豹隐全集》于2013年之后陆续出版；湖南常德市赵必振研究会对我国马克思主义传播的早期学者赵必振的文献进行整理编纂，于2018年出版《赵必振文集》。五是加强对经典文本解读史、概念史的研究。如王刚于2011年出版《马克思主义中国化的起源语境研究——20世纪30年代前马克思主义在中国的传播及中国化》；尹德树于2013年出版《文化视域下马克思主义在中国的早期传播与发展》。近几年来，一些学者还发表了一系列关于马克思主义概念史的文章，深化了传播史研究。

随着马克思主义传播史研究的深化，系统性的马克思主义“文献编纂”乃至“马藏编纂”工作被提上日程。人们越来越发现，要完整把握马克思主义精髓，特别是要完整把握100多年来中国人对马克思主义理解的情况，需要系统整理马克思主义经典文献。在经典文献典藏方面，中央编译局做了较多工作。由于工作需要，这里的专家学者收集整理了国内最丰富、最齐全的马克思主义经典文献，其中包括中华人民共和国成立后所有中文版的马克思主义经典文献，以及各种外文版的马克思主义经典文献，也包括中华人民共和国成立前的不少经典著作文本文献。国家图书馆、上海图书馆等也拥有丰富的马克思主义经典文献典藏。但即使如此，也不能够满足马克思主义经典文本、版本以及传播史研究的需要，因为这些文献典藏总的来说具有零散性，特别是早期文献，分散珍藏在不同图书馆和有关机构的资料室，人们使用起来很不方便。为此，近些年来不少学者把文献考据研究与文献编纂工作紧密结合起来，推出不少成果。如吕延勤主编《马克思主义在中国早期传播史料长编（1917—1927）》（上、中、下卷），2016年由长江出版社出版；田子渝主编《马克思主义在中国早期传播著作选集（1920—1927）》三卷本，于2018年由湖北人民出版社出版。这些经典文献整理出版大大方便了马克思主义传播的考据研究。但目前的文献整理出版工作仍然有局限性，十月革命之前和大革命之后的经典文献整理出版较少。

于是，学者们提出应当编纂“马藏”。大家知道，中国历史上各个主要学派都有自己的典藏体系，儒家有“儒藏”，佛家有“佛藏”，道家有“道藏”。马克思主义作为在近现代中国影响最大的思想体系，也应当而且能够建立自己的典藏体系。顾海良教授是这方面的领军人物，他领导的北京大学《马藏》编纂工程于2015年3月启动，已经取得初步成果，于2017年5月4日发布出版第一批书共5卷，370万字。他认为，《马藏》编纂工作的任务是“把与马克思主义发展有关的文献集大成地编纂荟萃为一体”，这是很正确的。但这项工作太复杂庞大，需要众多学者一起来做才有可能最终完成。

最近几年，笔者根据中央编译局马克思主义文献典藏情况，围绕“马藏”体系建立也提出了一些想法。笔者认为，“马藏”体系应当包括三个层次：一是核心层，即马克思、恩格斯、列宁等经典作家的手稿以及最初发表的文献；二是基本层，即《马克思恩格斯全集》历史考证版即原文版（亦称MEGA版）、《列宁全集》俄文版等经典著作的外文版本，《马克思恩格斯全集》中文第一、二版，《列宁全集》中文第一、二版，中国化马克思主义经典著作；三是外围层，包括经典著作各种版本的选集、文集、专题读本、单行本，以及研究马克思主义经典的代表性著作。这些经典文献有上千卷，可以与中国历史上任何典藏系列（如儒藏、道藏、佛藏）相媲美。[①]顺便说一句，“马藏”体系的建立将意味着中国现代文化典藏基础的确立，它和中国传统文化典藏一起构成中华文化的典藏体系，其意义远远超出了马克思主义经典著作文本和传播史研究本身。根据这个想法，我们不同单位或部门的学者应当根据自己的工作实际开展工作。“马藏”体系的核心层、基本层实际上一直是由中央编译局在做的，也比较完善了。我们今天最需要做的就是“补短板”，即把外围层中的各种零散的历史性的经典文本文献收集整理起来，供大家作历史性研究之用。这些历史性的经典文献也很多，所以应当首先把中华人民共和国成立前比较完整的经典著作文本整理出来，以供马克思主义经典文本、版本、传播史考据等研究之用。

于是，我们的“马克思主义经典文献传播通考”丛书也就应运而生了。可见，开展这项工作，不是我们一时激动的产物，而是我国学术界马克思主义理论研究逐步深化的逻辑必然，做好这项工作也是当务之急。这项工作做好了，不仅有助于马克思主义经典著作翻译和文本、版本、传播史的研究，也能够为建立完整的“马藏”体系提供历史上的各种基础文本，还有助于整个中国现代思想文化的研究和建设。

---

① 杨金海:《马克思主义发展史学科群建设之思——马克思主义传播史研究视角》，载《北京行政学院学报》2018年第1期。

三、马克思主义经典文献传播通考何以可能

今天进行马克思主义经典文献传播通考是否可行？回答是肯定的。如果放在20年前，做这项工作几乎是不可能的。因为那时大家还没有对马克思主义理论进行深入的文本、版本、传播史、概念史、解读史等考据研究的概念，更没有建立“马藏”的想法，所以，也就不可能有此思想动力。这是从主观上讲的。从客观上看也是如此。当时的研究还很不够，也还没有今天这样发达的信息技术，所以要弄清中华人民共和国成立前究竟有多少经典著作文本已经翻译出来、藏在何处，是很困难的，就更不用说把各种经典著作的不同文本收集起来并整理出版了。

经过长期的积累，特别是近几十年的经典著作研究，今天我们已经具备了进行马克思主义经典文献传播通考的基本条件。

一是越来越多的人意识到经典文献考据研究的重要性，不仅把马克思主义作为意识形态来研究，而且进一步把马克思主义作为科学的学术体系乃至“新国学”之重要内容来研究。长期以来，在我国有一种不正确的认识，就是认为马克思主义是一种意识形态，没有学术性，甚至不是学问。实际上，意识形态也有科学与非科学之分。马克思主义是一种科学的意识形态，由此决定了它具有科学性，完全可以作为学术来研究。之所以有人认为它不具有学术性，一方面，是因为这些人不懂马克思主义；另一方面，是因为我们马克思主义学界在学术、文化层面研究马克思主义不够，有分量的学术成果不多。要克服这一缺陷，就要努力借鉴其他学科的研究方法，包括借鉴我国传统的学术文化研究方法，拿

出可以与其他学科相媲美的学术成果来。例如建立“马藏”体系就是很好的学术性工作。2014年在成中英先生八十大寿庆祝会上，笔者尝试性地提出“新国学”概念。所谓“新国学”，就是包括马克思主义学说在内的中华学术体系，是当代整个中华文化的基础。我们以往所说的“国学”实际上是“老国学”，即以儒、释、道为主的中国传统学术体系，今天这样讲还说得过去，但实际上已经不准确了，再过若干年就更不科学了，因为我们今天还有马克思主义学说。毫无疑问，自五四新文化运动以来，马克思主义在我国已经逐步成为中华学术体系的重要组成部分，可以与传统的儒、释、道等相媲美，因此不能把它排斥在国学之外。类似情况，在历史上是有过先例的。大家知道，佛学是西汉时传入中国的，是外来文化，但2000年后的今天，谁还能说它不是中国文化之一部分呢？马克思主义也是这样，况且它比佛学的作用要大得多，它传入中国才100多年，就深刻改变了中华民族的命运，也深刻改变了中国传统文化，已经成为当今中华文化的重要组成部分乃至核心部分。随着时间的推移，将来我们的国学体系一定会把“马学”加进来，形成“儒、释、道、马”并驾齐驱、以“马”为魂的繁荣发展局面。当然，“马学”作为“新国学”的重要组成部分并为人们所接受，还需要努力构建自己的学术体系。比如要借鉴中国传统学术文化研究的方法，像整理编纂《四库全书》那样，把马克思主义“经”“史”“子”“集”等都整理出来，形成蔚为壮观的经典体系、学术体系，供后人研究之用。此外，我们对马克思主义的各种研究也要具有深厚的学理性。这样，“马学”作为科学的学术体系才能够完善起来。“知难行易”，应当说经过这些年学界同仁的共同努力，已经有越来越多的人意识到马克思主义经典文本整理和考据工作的重要性。这就为顺利推进这项工作奠定了思想基础。

二是这些年有关马克思主义经典文本整理研究的成果越来越多，使得我们基本知道了有哪些经典文本、版本及其传播、珍藏等情况。特别是近几年来，这些研究成果每年都在成倍地增长。很多深藏密室的历史文献被挖掘出来，包括一些经典文本、马克思主义经典著作翻译家、出版家、教育家以及取经潮、取经路线、传播方式等，成为学界研究的热点。与之相伴随，马克思主义经典著作原文版、手稿的收集整理和深度研究成果也越来越多。中央编译局的学者在这方面的成果较多。笔者在经典文献研究方面也做了一些工作，如与冯雷共同主编了37卷“马克思主义研究资料”丛书；与李惠斌主编了40卷“马克思主义经典著作研究读本”丛书。王学东主编了64卷“国际共产主义运动历史文献”丛书。这三套丛书均由中央编译出版社出版。清华大学艾四林主编了20卷“马克思主义经典著作导读”丛书。北京大学聂锦芳主编了12卷“重读马克思——文本及其思想”丛书。其他单位学者在这方面的成果也越来越多。这些经典文献的收集整理和相关大型丛书的编辑出版，以及学术界同仁的大量相关研究成果的发表，为我们推进马克思主义经典文献考据工作提供了丰富资料。

三是马克思主义经典文本考据研究队伍日益壮大，经验日益丰富，方法不断更新。不仅马克思主义理论界很多学者在从事这方面工作，而且其他各界学者也参与进来，包括翻译界、历史学界、民族学界、宗教学界、文学艺术界等方面的学者近些年来都在积极挖掘整理、考据马克思主义的有关历史文献，使得马克思主义经典文本考据研究逐渐成为

"显学"。自2004年中央马克思主义理论研究和建设工程实施以来，培养了一支老、中、青结合的马克思主义学术队伍。各个大学马克思主义学院相继建立，各级社会科学院的马克思主义研究机构日益建立和完善，党和政府、军队研究机构里马克思主义理论研究队伍不断扩大，社会思想文化界对马克思主义理论的研究、宣传和普及工作在加强，这些都大大加速了马克思主义学术队伍培养和学科建设的步伐。特别是近年来，一批优秀的中青年马克思主义学者茁壮成长。他们思维敏捷，年富力强，外语水平很高，知识结构新颖，研究方法现代，不仅能够借鉴中国传统的考据方法，也能够借鉴西方解释学方法等进行研究，越来越具备了中外比较研究、历史比较研究的能力，由此，成为经典文本考据研究的中坚力量。

四是当今发达的信息技术为我们查找、收集、研究经典文本文献提供了快捷便利的条件。进行深入的经典文献考证，需要掌握大量国内外文献资料。比如要用到马克思手稿，而原始手稿的大约三分之二珍藏在荷兰皇家科学院国际社会历史研究所档案馆，三分之一珍藏在俄罗斯国家社会政治史档案馆；要考证经典文本的翻译，还会用到日文版经典著作文本，而这些大多珍藏在日本，个别文本分散珍藏在我国各地的图书馆。要大量使用这些资料在过去几乎是不可能的，但是在今天，通过网络信息技术，就可以比较好地解决这些问题。再者，随着我国现代化事业的推进，我们的经济实力越来越强，在马克思主义经典文本研究方面的投入越来越多。这些物质力量的增强为我们开展这样大规模的整理编纂工作提供了保障。

总体而言，经过马克思主义学界同仁的长期努力，中国已经成为当今世界最大的马克思主义经典著作翻译和研究国家。特别是近些年来，我国学者关于经典文本考据研究的理念越来越新、成果越来越多、队伍越来越强、保障条件越来越好。随着马克思主义学院的建立，马克思主义理论教学和科研工作越来越受到重视，学科体系建设越来越完善，我们的研究成果也越来越有用武之地。这些都为我们深入开展大规模的经典文献整理和研究提供了现实可能性。

四、“马克思主义经典文献传播通考”丛书编写的思路和原则

马克思主义经典著作是学习和研究马克思主义理论的基础文本，历来为人们所重视。在我国马克思主义传播史上，曾经翻译出版过很多种经典著作的中文本。比如，《共产党宣言》总共有至少12个完整的中文译本；《资本论》在1949年以前也有好几个中文译本。这样说来，光是1949年以前翻译出版的经典著作文本或专题文献文本就有上百种。这些不同的中文译本反映了中国人在不同历史时期对马克思主义经典著作理解的不同水平。

编辑这套丛书的直接目的，是要把1949年以前的主要经典著作文本原汁原味地编辑整理出来，并作适当的考证说明，供大家作深入的历史比较研究、国际比较研究之用；从更长远的目的看，是要为建构完整的中国马克思主义典藏体系、学术体系、话语体系乃至为建构现代中华文化体系做一些基础性工作；最终目的，则是要通过历史比较，总结经验，澄清是非，廓清思想，统一认识，破除对马克思主义错误的或教条

式的理解，全面而准确地把握马克思主义理论精髓，弘扬马克思主义精神，继承马克思主义理论，在此基础上深化对中国化马克思主义的理解和研究，为推进当代中国马克思主义、21世纪马克思主义，确保科学社会主义伟大事业长久发展提供科学的理论支撑。

本丛书体现如下特点，这也是丛书编写工作所力求遵循的原则：第一，体现历史性和系统性。本丛书主要收集1949年以前的经典著作中文译本，对1949年以后个别学者的译本也适当收入。中华人民共和国成立后由中央编译局翻译出版的经典著作，由于各大图书馆都可以查到，且各种译本变化不大，故不在收录范围。对所收集的历史文献力求系统、完整，尽可能收集齐全1949年以前经典著作的各种译本，按照历史顺序进行编排。对同一译本的不同版本，尽可能收集比较早且完整的版本。对特别重要的片段译文作为附录收入。第二，突出文献性和考证性。力求原汁原味地反映各种经典著作的历史风貌。为此，采取影印形式，将经典著作的文本完整地呈现给读者。同时，要对文本的情况进行适当的考证研究，包括对原著者、译者、该译本依据的原文本、译本翻译出版和传播的情况及其影响等作出科学说明。这些考证研究要有充分的史料根据，经得起历史检验。要力求充分反映国内外有关研究成果，特别是要充分反映我国改革开放以来在经典著作文本、版本研究方面所发现的新文献、取得的新成果。第三，力求权威性和准确性。一方面，所收集的经典著作文本力求具有权威性和准确性。力求收集在当时具有权威性的机构出版的、质量最高的经典译本，避免采用后人翻印的、文字错误较多的文本。另一方面，考证分析所依据的其他文献资料，也力求具有权威性和准确性。要选择国内外在该研究领域最具权威性的专家学者的最具代表性的观点和最有影响力的文章。再者，对文本有关问题的阐述，比如，对人名、地名、术语变化的说明，或对错字、漏字等印刷错误的说明等，要具有权威性和准确性。第四，力求做到史论结合、论从史出。本丛书的主要任务是对经典文本以及相关问题进行历史性的考证梳理，但考证不是目的，而是手段，根本目的还是要深化对马克思主义基本理论和基本观点的全面的、准确的理解，并最终用以指导实践。所以，在考证研究的同时，要始终牢记最终目标，以便从历史文献的分析研究中得出令人信服的科学结论。所以，在每一经典文本的考证说明中，都既要说明经典文本文献的来龙去脉以及考证梳理的情况，又要从中得出若干具有启发性的结论，以帮助读者正确认识经典著作中的有关重要思想，特别是要在统一认识、消除无谓争论上下功夫。这样，该丛书就不仅能够为读者提供原始的经典著作文本文献，还能够为读者进一步研究这些文本提供尽可能丰富的、具有权威性和准确性的相关文献资料，并提供尽可能中肯的观点和方法，从而能够使丛书成为马克思主义典藏的重要组成部分而流芳后世。

基于上述考虑，本丛书采取大致统一的编写框架。除导言外，各个读本均由四个部分组成。一是原著考证部分，其中包括对原著的作者、写作、文本主要内容、文本的出版与传播情况的考证性介绍；二是译本考证部分，包括对译本的译者、翻译过程、译本主要特点、译本的出版和传播情况的考证梳理；三是译文考订部分，包括对译文的质量进行总体评价，对有关重要术语进行比较说明，对错误译文、错误术语或错误印刷进行查考、辨析和校正性说明；四是原译文影印部分，主要收入完整的原著译本，同时作为附录适当收入前人关于该书的片段译文。

通过这样的考证研究，力求凸显这套丛书的编辑思路，即对经典著作的文本、版本有一个建立在考据研究基础上的总体性认识。每一本书都要能够回答这样一些问题：如这本书是什么，它在马克思主义发展史上的地位如何，它在世界上的传播情况怎样，它是什么时候传播到中国的；该中文本的译者是谁，译本的版本、传播、影响、收藏情况怎样；该译本中的重要概念是如何演化的，中国人对这些概念的理解过程怎样，对我们今天的理论研究和实践探索特别是对解决今天有关重大理论问题的争论有何启示，等等。这些问题回答好了，就能够帮助读者更深入地理解经典著作中的思想观点，并能够从文本的历史比较、国际比较中把握中国化马克思主义发展的思想历程，从而为进一步深化马克思主义理论研究提供深厚的思想资源和学理支撑。

“日月光华，旦复旦兮。”我们是怀着一种迎接中华民族伟大复兴的历史使命感、对马克思主义学术文化的深深敬畏之情来做这项工作的。一是敬畏经典。近百年来，为振兴中华民族，为推进中国思想文化的现代化，无数志士仁人历经千辛万苦把马克思主义真经取回来，并通过翻译研究形成了汗牛充栋的马克思主义经典文献，由此奠定了中国现代文化的典藏基础，为实现中华文化从传统形态向现代形态转化作出了巨大贡献。我们面前的这些文献，正是在马克思主义传播过程中形成的“马藏”中的重要经典文本。拂去历史尘埃，整理、考证和再现这些经典文献的历史原貌，发掘其中的深厚文化意蕴，敬畏之心油然而生。能够通过我们的工作使这些闪耀着历史光芒的典籍和伟大思想更好地传承下去，为中国现代文化体系的建设打下坚实的典藏基础，正是本丛书作者和编者的共同期愿所在。二是敬畏先驱。近百年来，一代又一代翻译家和理论家薪火相传，把马克思主义经典引进中国，特别是在民主革命时期，很多翻译工作是在十分困难和危险的条件下进行的，有不少先辈为此贡献了一生乃至宝贵生命。他们的事迹可歌可泣，他们的艰辛堪比大唐圣僧玄奘西天取经，他们的历史功绩和伟大精神将在历史的天空熠熠生辉！能够通过我们的这项工作，让一代代后人记住这些历史人物和历史故事并将先辈们的宝贵精神传承下去，我们将备感荣幸。三是敬畏责任。面对百年来形成的浩如烟海的马克思主义经典文献需要研究整理，面对百年来一批批可敬可爱的译介者需要研究介绍，面对百年来马克思主义中国化的伟大历程需要梳理继承，我们需要做的工作太多太多。由此，不论是作者还是编者，都不能不对自己所从事的这项工作产生出由衷的敬畏之情。唯有通过努力，精心整理好这些文献，为最终形成完整的中国特色马克思主义典藏体系作一点贡献，为马克思主义学说在中国乃至世界千秋万代薪火相传做一点铺路工作，才能告慰马克思主义经典作家，告慰这些理论先驱和翻译巨匠们！

2018年是马克思诞辰200周年，《共产党宣言》发表170周年；2019年是中国先进分子自觉选择马克思主义作为观察中国和世界命运之思想武器100周年；2020年是《共产党宣言》第一个完整的中文译本问世100周年；2021年是中国共产党成立100周年，这一个个光辉的历史节点展现出马克思主义在中国发展的强大生命力。在这个新时代的新时期，陆续出版大型丛书“马克思主义经典文献传播通考”，对推进马克思主义理论研究和建设工作，有着特殊重要的意义。

需要说明的是，对于经典文本的研究，往往会有仁者见仁、智者见智的情况。所以，尽管我们在组织编写工作中努力体现上述编写思路、原则和精神，书中的观点也不一定都很成熟，不可能与每一位读者的观点完全一致。加之每位作者研究角度不同，水平各异，每一本书的结构、篇章、内容、观点都不尽相同，其权威性也不尽一致，其中很可能有疏漏和错误之处，谨请读者批评指正。

该丛书在设计、编写和出版过程中，得到了各方面的大力支持。清华大学马克思主义学院将这项工作列入重要议事日程，作为该院马克思主义传播史研究中心重大项目，艾四林院长以及各位同事对此项工作给予大力支持。中共中央党史和文献研究院（中央编译局）十分重视对马克思主义传播史的研究，对此项研究给予各个方面的支持。国家出版基金将该丛书列入资助项目，辽宁省委宣传部将此项目列入文化精品扶持项目。辽宁出版集团和辽宁人民出版社在丛书的选题策划和编辑出版中做了大量工作。在编写过程中，中共中央党史和文献研究院（中央编译局）信息资料馆、国家图书馆、上海图书馆、清华大学图书馆、北京大学图书馆、国家博物馆等单位给予鼎力支持。本丛书中汲取了我国学者大量的研究成果。该项目顾问、我国马克思主义理论界德高望重的陈先达教授、赵家祥教授等专家对丛书的编写工作给予热情指导，编委会成员和各位作者为丛书的编写付出了辛勤劳动。

谨在此一并致以衷心的谢意！

杨金海

2019年5月5日于清华大学善斋

目录

CONTENTS

导言

马克思1848年1月9日向布鲁塞尔民主协会发表了题为“关于自由贸易”的演说，这篇演说的内容原本是马克思为了更早之前在布鲁塞尔召开的一次经济学家会议[①]而准备的。然而为会议做了精心准备的马克思却没有机会在会议上发表他的演说，这是因为会议的组织者担心马克思会发表煽动革命的言论而提前结束了会议，于是这篇演说的内容才在后来以报纸文章、1848年演说以及单行本等形式与世人见面。1848年2月初，这篇演说以“关于自由贸易问题的演说”为题在布鲁塞尔出版了法文单行本，马克思去世后又以单行本或附录的形式陆续出版了德文、英文等各种版本，恩格斯还专门为英文版撰写了序言。

1930年，邹锺隐将这篇演说翻译成中文并以单行本的形式由上海联合书店出版。由于邹锺隐是经济学领域的学者，其译本的翻译较为专业、准确，并且译本还附有恩格斯所作的英译本序言，以及与该著作具有紧密关联的马克思《工资》手稿和梁赞诺夫为手稿所写的编者言，因而邹锺隐译本相对于其他作为《哲学的贫困》附录出版的中译本而言，更加有助于当时的读者深入理解马克思关于自由贸易问题的理论观点和其重要意义。这使得邹锺隐译本在马克思主义中国传播史上的地位具有不言而喻的重要性。

与马克思主义其他声名远播的经典文献不同的是，《关于自由贸易

① 1847年9月16—18日在布鲁塞尔召开了一次经济学家会议，专门讨论保护关税制度和自由贸易问题。

问题的演说》在马克思主义理论史和传播史上似乎有些寂寂无名。这一点从弗·梅林、麦克莱伦各自所作的马克思传记中对这次演说经过的记述便可略知一二，其中梅林还特别指出：“比这篇演说[①]更重要的是马克思在德国工人协会所作的关于雇佣劳动与资本的讲演。”[②]而从马克思、恩格斯遗留下来的各种文字中，他们二人对这篇演说也几乎都只是蜻蜓点水般地简单提及，对其的评价也基本定位于——这是一篇布鲁塞尔时期不能被忽略的文献。例如马克思在1859年的《政治经济学批判》序言中就写道：“在我们当时从这方面或那方面向公众表达我们见解的各种著作中，我只提出我与恩格斯合著的‘共产党宣言’和我自己发表的‘关于自由贸易的演说’。”[③]众所周知，布鲁塞尔时期堪称是马克思杰作频出的思想发展阶段，这一时期的作品主要包括：《德意志意识形态》（1845年）、《哲学的贫困》（1847年）、《雇佣劳动与资本》（1847年）、《共产党宣言》（1848年）。与这些巨著相比，《关于自由贸易问题的演说》的分量确乎有些单薄了。

而恩格斯在1884年建议将该演说收入《哲学的贫困》德文版附录的意见似乎也表明，这篇演说是一篇虽然重要但其理论意义又稍逊于《哲学的贫困》的著作。在与施留特尔、伯恩施坦的通信中他两次明确表示，《关于自由贸易问题的演说》并不适于以单行本的形式再次发表，但是如果作为附录收入《哲学的贫困》德文版则是恰当的，因为他认为

① 即《关于自由贸易问题的演说》。——本书作者注

② ［德］弗·梅林：《马克思传》，樊集译，持平校，人民出版社1950年版，第186页。

③《马克思恩格斯文集》第二卷，人民出版社2009年版，第593页。

"这个演说和《哲学的贫困》属于著者的同一个发展时期"[①]。

然而，从这篇文献本身所涉及的理论主题及其当代意义来看，它又确实是一篇马克思主义理论发展史上不容被忽视的经典文献。因为《关于自由贸易问题的演说》揭露了资产阶级关于自由贸易的谎言，深刻地揭示了资产阶级经济学家和自由贸易派所标榜的"贸易自由"，实质上就是资产阶级充分运用资本的自由，就是资本家压榨工人的自由，同时也是一些国家牺牲另一些国家的利益而聚敛财富的自由。而所谓自由贸易"理想"以及自由贸易派伪善面目所掩盖的实质，则毫无疑问仍然是资本主义雇佣劳动关系支撑下的资本家对剩余价值的攫取活动。而马克思所揭示的资本主义自由贸易本质，恰恰说明了20世纪80年代以来由西方发达国家所主导的经济全球化进程为什么会陷入不公正、不合理、不可持续的发展困境。其根本原因就在于，西方推动的经济全球化难以克服其资本扩张的本性，而资本扩张必然导致资本主义基本矛盾的加剧。

当然，也正如马克思所揭示出的资本主义二重性一样，自由贸易在加深资本主义基本矛盾和资本剥削的同时，其在促进社会生产力发展、推动一国工业化进程方面的作用也是毋庸置疑的。恩格斯为《关于自由贸易问题的演说》英文版所作的序言就表明，马克思在30年前就已经说明的问题，准确预言了美国30年后在世界贸易竞技场的崛起。而这篇文献也对170多年后致力于推进经济全球化健康发展的社会主义中国，彰显出巨大的启示意义。因为"在我们的时代，没有一个大民族能够没有

---

①《马克思恩格斯文集》第四卷，人民出版社2009年版，第214页。

自己的工业而生存下去”[1]，而任何一个构建了民族工业的大国也势必要走向自由贸易的道路。新的时代课题就在于，人类社会将在一个怎样的秩序下构建自由贸易的规则，是仍然延续过去那种不公正、不合理的秩序，还是推动共同发展、合作共赢，开辟经济全球化的新路径？马克思《关于自由贸易问题的演说》也许可以帮助我们找到答案。

①《马克思恩格斯文集》第四卷，人民出版社2009年版，第338页。

《关于自由贸易问题的演说》原版考释

19世纪40年代，资本主义自由贸易派所极力主张并推行的自由贸易政策实质是为了满足资本扩张的需要，这将不可避免地导致对工人更加残酷的剥削，以及资产阶级与无产阶级之间更加严重的对立。为了揭露这一实质，1848年1月，马克思在布鲁塞尔民主协会的公众大会上向工人群众、民主主义者作了一个题为“关于自由贸易”的著名演讲。1848年2月初，当标志着马克思主义诞生的《共产党宣言》在英国伦敦问世时，《关于自由贸易问题的演说》（以下简称《演说》）也同时以法文单行本的形式在布鲁塞尔出版。

一、写作及出版背景

马克思曾明确指出：“保护关税制度[①]是制造工厂主、剥夺独立劳动者、使国民的生产资料和生活资料资本化、强行缩短从旧生产方式向现代生产方式的过渡的一种人为手段。”[②]这说明以保护关税为主要内容的贸易保护主义确实有其产生的历史进步性与合理性。而英国作为世界上第一个工业化国家，其资本主义生产方式从诞生到确立到臻于完善的过程，也毫无疑问印证了马克思的这一观点。正如恩格斯所言：“现代工

① 马克思在此处使用的“保护关税制度”应为广义上的概念，它实际指的是以保护关税为主要内容的一系列贸易保护主义的关税体制。为避免歧义，本书也将主要从广义上使用这一概念。——本书作者注

②《马克思恩格斯文集》第四卷，人民出版社2009年版，第334页。

业体系即依靠用蒸汽发动的机器的生产，就是在保护关税制度的卵翼之下于18世纪最后30多年中在英国孵化和发育起来的。”[①]

英国的保护关税制度由来已久，最早可以追溯至重商主义盛行的时代。由于把货币当作财富的唯一形态，重商主义作为资本主义原始积累阶段商业资产阶级的意识形态，其核心主张在于通过垄断海外贸易、追求商业利益来积累货币财富，而保护关税制度就是其中必不可少的手段。早期重商主义主张把征收关税作为增加国库收入的一项重要措施，同时辅之以其他必要的立法和行政措施，也就是用国家武力的办法来增加货币财富；晚期重商主义则主张采取保护关税制度，以鼓励发展民族工商业，同时通过推行皇家特许状这一许可证制度，在海军武力的加持下大举实现帝国的海外扩张。于是从17世纪开始，在重商主义的指导下，英国便逐步采取了以贸易保护主义为宗旨的关税体制以推动殖民帝国的构建。

到19世纪上半叶，虽然经历了法国大革命和拿破仑战争，但战火并未使英国工业化进程和殖民扩张的步伐中断，作为反法战争的最大赢家，英国反而抓住机遇将第二阶段的工业革命以更快的速度推进，在短短几十年内，便积累起了足以傲视群雄的巨大经济实力和全球性的海上霸权。随着纺纱机、蒸汽机以及铁路时代的来临，当“全世界及其制成品40%以上的产量来自英国”[②]的时候，更通畅的对外贸易与更广大的海外市场便成为关系到国家生死存亡的问题。于是曾经对大英帝国建立发挥过巨大作用的保护关税制度在这样一种时代条件下便逐渐显得有些

---

①《马克思恩格斯文集》第四卷，人民出版社2009年版，第334页。

② 转引自张本英：《英帝国史》第五卷，江苏人民出版社2019年版，第19页。

不合时宜了。这主要表现在贸易保护政策下旧关税体制的必然产物——《航海条例》和《谷物法》对于英国经济社会发展的阻碍[①]。

《航海条例》是自克伦威尔以来英帝国体系内垄断性贸易政策的基石，后来被所有英国统治者所继承。它对英国工商业发展的不利之处，首先是使制造业无法以最便宜的价格，在世界市场上购买英国工业所需的羊毛、黄麻、木材、丝等工业原料；其次是造成欧洲国家愈演愈烈的关税战。根据查理二世时代颁布的法令，所有亚洲、非洲、美洲以及欧洲的货物，只有用由英国船员指挥和驾驶的英国船只运输才能进入英国，否则就被课以极高的关税。直到北美独立战争之前，《航海条例》的各项禁令基本上得到顺利执行。但美国独立后，也开始对英国船只运输的货物征收同样高的进口关税，结果，两国的船队不得不装载压舱物横渡大西洋。这种关税战的直接后果就是商品运输成本增加，消费者被迫支付双倍的运费。1815年，两国终于放弃代价巨大的关税战，相互给对方以优惠关税。英美贸易互惠关系建立后，欧洲国家纷纷效仿，要求英国给予同样的优惠，并均以提高对英国船只的关税作为手段。因此，在拿破仑战争结束后的最初几年里，英国一直处于与欧洲国家激烈的关税纠纷中。

除了《航海条例》的困扰之外，《谷物法》的出台也使英国深陷贸易保护主义所引发的各种社会矛盾之中。1815年，英国议会不顾新兴工业地区的激烈反对和抗议，通过了臭名昭著的《谷物法》，规定只有当国内小麦价格超过每夸脱80先令时，才允许从国外进口谷物。显然，该

① 张本英：《英帝国史》第五卷，江苏人民出版社2019年版，第10—11页。

法令保护的是英国土地贵族和农业资本家的利益。这些人是拿破仑战争期间粮价高涨的最大受益者，他们害怕战争结束后欧洲传统谷物出口国家的廉价粮食涌入英国，力图继续人为地保持粮食的高价，因而强烈要求政府对农业的保护。《谷物法》的实施，保证了土地贵族尤其是大地产者的巨大利润，刺激了物价的上涨与投机之风的盛行，使工资劳动者和城市居民深受其害。《谷物法》还直接损害了工商业资产阶级的利益。因为，一方面高价食品带来工资和成本的增加，造成英国产品在世界市场上竞争力下降；另一方面国内的失业与贫困带来购买力低下与消费需求不足，最终导致商业的停滞。与此同时，《谷物法》还招致欧洲国家的关税报复，其结果是：既增加了国内生产的成本，也限制了英国工业品在国外市场的销售。因此，《谷物法》成了19世纪上半期英国各种社会矛盾与冲突产生的一个根源。总而言之，对工业革命进入新的阶段，急需扩张国际市场的英国来说，打破旧关税体制下对贸易的种种限制，允许国外廉价工业原料和食品自由输入，与各国结束关税战，成为当务之急。

正是在这样一个时代背景之下，以新兴工业资产阶级为代表的自由贸易派和以土地贵族、农业资本家为代表的保护关税派自19世纪上半叶伊始就开启了一场旷日持久的学术争论[①]和政治角力。最终，在托利党领袖、首相罗伯特·皮尔的大力推动下，1846年6月，英国议会下院和上院经过长达5个月的辩论通过了废除《谷物法》的议案。

1846年《谷物法》被废除标志着自由贸易派在英国国内的胜利。但

---

① 这又表现为重商主义与重农主义、亚当·斯密以及李嘉图的自由贸易学说之间的角逐。——本书作者注

很快，为了将英国的工业品打入欧洲大陆市场，自由贸易派紧接着就又投入到与其他仍然实行保护关税制度国家的斗争之中。正是在这样的背景下，1847年9月16—18日，一场专业的国际经济学家会议便在布鲁塞尔召开了。这次会议召集了来自英、法、荷兰、丹麦、意大利、比利时等多个欧洲国家主要的自由贸易派和少部分保护关税派的代表，除了经济学家以外，还有工业资本家和商人，会议主要涉及"自由贸易是否将造福于全人类""实行普遍的自由贸易是否对工人阶级有利"[①]等议题。由于自由贸易派主导了此次会议的方向，因而他们在与保护关税派的争论中毫无悬念地占了上风。然而他们的伪善言论，还是引起了在场工人群众、民主主义者以及马克思、恩格斯等人的强烈不满。因此，马克思、恩格斯的朋友——诗人、《新莱茵报》编辑——格奥尔格·维尔特率先予以了反击和驳斥。在发言中，维尔特明确指出，自由贸易不仅不能改变工人的悲惨处境，反而会由于刺激了生产的发展和资本家之间的自由竞争而使工人之间产生更加尖锐的竞争，这势必抵消自由贸易条件下食品价格下降所带来的好处。维尔特的发言鞭辟入里、切中要害，令在场的自由贸易派代表感到非常不安，虽然他们给予了言辞激烈的回应，但在铁的事实面前他们的辩驳也显得十分苍白无力。于是为了使会议免受激进言论的进一步影响，会议的组织者便采取了拖延发言时间的方式中止了会议议程，这就使得原本报名演讲的马克思失去了发言的机会。马克思为此次会议准备的发言稿也就成为后来他在面向布鲁塞尔民主协会所作的题为"关于自由贸易"的演说的主要内容。

---

①《马克思恩格斯全集》第四卷，人民出版社1958年版，第285、286页。

《关于自由贸易问题的演说》的首次发表和出版与布鲁塞尔民主协会的宣传和教育工作密不可分，而协会的建立和发展则直接得益于共产主义者同盟的影响。共产主义者同盟的前身是正义者同盟，19世纪30年代后半期，德国民主共和主义的流亡者联盟分裂，部分激进的工人和手工业者在巴黎结成了正义者同盟这一秘密组织，并在后来的运动中逐渐具有了国际性。从1839年到1846年，正义者同盟经历了一系列内部思想斗争，成员们的观点既具有当时德国无产阶级的半手工业性质，又受到魏特林粗糙的平均共产主义的影响，后来又受到“真正的社会主义”和蒲鲁东小资产阶级空想的影响。直到19世纪40年代末期，同盟的领导人才在马克思和恩格斯科学共产主义的影响下，逐渐克服了空想的和小资产阶级的社会主义观点。为了帮助同盟克服种种陈腐因素的抵抗，马克思和恩格斯接受了同盟领导者的邀请，于1847年6月初加入了正义者同盟，并协助同盟改组为共产主义者同盟。

按照同盟宣传和教育工人的任务要求，马克思和恩格斯于1847年8月底在布鲁塞尔建立了德意志工人协会。德意志工人协会中的部分成员于1847年秋在布鲁塞尔发起成立了布鲁塞尔民主协会，在马克思恩格斯的积极引导下，协会把无产阶级革命者（其中主要是德国的革命流亡者）、资产阶级和小资产阶级的民主派的先进分子团结在自己的队伍中。马克思当选为该协会的副主席，比利时的民主主义者律·若特兰被推选为主席。协会存在的时间虽然短暂，但在马克思的影响下，它仍然成为国际民主主义运动的中心之一。马克思也正是借助协会的思想宣传功能，发表并出版了著名的《关于自由贸易问题的演说》。

从这篇演说形成的背景来看，它虽然是一部带有论战、宣传性质的作品，但事实上由于它与《共产党宣言》《雇佣劳动与资本》同属于一个思想发展阶段，因而它所包含的理论观点无不渗透着马克思对于资本主义的内在发展规律、历史命运以及无产阶级历史使命的深入思考和探讨。这一点从马克思所遗留下来的应属于《雇佣劳动与资本》的手稿片段《工资》《需求》与《演说》的联系中也可得到证实。

虽然在保存下来的手稿和书信中并没有确切的资料谈到《工资》《需求》同马克思其他著作的联系，但是从手稿的写作时间和内容来看，这二者与《演说》之间的关联性应该是确定无疑的。首先，《工资》手稿封面注明的“1847年12月于布鲁塞尔”“已经论述过”这句简要的概述，以及手稿的论述形式和内容均表明，《工资》应该是马克思为1847年12月下旬在布鲁塞尔德国工人协会会议上的演讲——《雇佣劳动与资本》的最后一讲或最后几讲所写的预备提纲。马克思在写好这篇手稿的时候，就已经着手准备他在1848年1月9日布鲁塞尔民主协会的公众大会上发表的那篇著名的题为“关于自由贸易”的演说。其次，在《工资》的“［B］补充Ⅰ．阿特金森”部分，马克思引用了英国政客、自由贸易论者约翰·包令在1835年下院演说中的一段话[①]。而这段话也同样出现在《演说》的文本当中，并且马克思在《工资》手稿中还特别加注了一句话：“利用这个从一种职业向另一种职业转移的例子来

① 这段话是：“手工织工所处的贫困状态是所有从事这类劳动的人的必然遭遇，因为这种劳动容易学会，而且常有被较便宜的生产资料所排挤的危险。在供应量如此之大的情况下，需求的暂时缩减就要引起危机。一个劳动部门变得无用而另一个劳动部门又随之产生，这种情况会招致暂时的苦难。以印度达卡地区的手工织工为例：由于英国机器的竞争，他们不是饿死，便是被迫返回农业生产。”（《马克思恩格斯全集》第六卷，人民出版社1961年版，第636页）

与糟透了的自由贸易论者论战。”[①]马克思之所以要引用包令的演讲应该是为了揭穿其自由贸易将不会损伤反而会增益工人福利这一谎言，而包令在这里陈述的事实显然是与其观点自相矛盾的。再次，马克思在《需求》手稿中对需求和贸易之间内在联系的简要论述表明，他此时对于贸易在资本开创世界历史中的作用已经进行了较为深入的思考。

以上文本的内在关联性启示我们，要深入理解《演说》的内容实质和精神要义，就必须要以马克思布鲁塞尔时期的著作特别是《共产党宣言》《雇佣劳动与资本》等文本所关涉的思想发展脉络为依据，如此才能彰显《演说》在马克思主义理论发展史中的地位及其当代价值。

二、各版本说明

马克思在世时，《关于自由贸易问题的演说》仅出版了法文和德文两种版本的单行本；他去世以后在恩格斯的直接或间接参与下，又出版发行了俄文、英文、意大利文3种单行版本；恩格斯去世以后，以各种语言出版的《关于自由贸易问题的演说》的单行本种类则较少，目前能够收集到的版本主要包括：1928年日本由弘文堂书房出版的日文版；1930年中国由上海联合书店出版的中文版；2002年由Derive Approdi出版的意大利文版；2014年由美国Sextant出版的法文版；2015年由美国Createspace Independent Publishing Platform出版的英文版。而《关于自由贸易问题的演说》作为《哲学的贫困》附录之一则出版了不下30种文

① 《马克思恩格斯全集》第六卷，人民出版社1961年版，第636页。

字的译本：如《哲学的贫困》1885年德文第一版、1891年西班牙文版、1892年德文第二版、1896年法文第二版、1900年英文第一版等。各主要语种如德、俄、中、日、英、意大利文版的《马克思恩格斯全集》亦均将《关于自由贸易问题的演说》收入到马克思1848年作品目录中。这些公开出版的世界各主要语言版本的《关于自由贸易问题的演说》，对于世界各国工人在认识和应对资产阶级自由贸易政策方面发挥了积极的影响和作用。

1848年1月6日和9日民主协会两次通过《德意志-布鲁塞尔报》发出即将举行公开会议的通告，并邀请自己的拥护者来听取“卡尔·马克思关于政治经济学问题的报告”。据《德意志-布鲁塞尔报》的报道，1月9日当天，马克思用法语所作的题为“关于自由贸易问题的演说”受到了听众的广泛欢迎，会议决定由民主协会出钱刊印这篇演说，于是《关于自由贸易问题的演说》的法文单行本[①]便于1848年2月初在布鲁塞尔付梓刊印了。当时由于印数不多，且未再以法文的形式再版，因而这部法文单行本在后来变得极为稀缺。马克思去世后，恩格斯也仅剩下一部从旧书商处获得的孤本。恩格斯非常珍视这一孤本，并先后将其作为翻译和修改德文第二版、英文版等各种译本的参考底本来使用。后来在恩格斯的指导下，法文版又被再次翻印发表在1894年《新纪元》第6期，1894年6月23日、30日和7月7日《社会主义者报》第194—196号上。

---

① 该单行本中的内容只是马克思未能在1847年布鲁塞尔国际经济学家会议上发表的演说的一部分；演说的另一部分在会议结束后由马克思整理成一篇文章刊载于1847年9月29日的布鲁塞尔《民主工场报》上。——本书作者注

在法文版出版的同一年，马克思和战友约·魏德迈一起将这篇演说以及马克思另一篇题为“保护关税派、自由贸易派和工人阶级”[①]的演说翻译成德文，并以“卡尔·马克思关于自由贸易和保护关税的两篇演说”为题在德国哈姆出版了单行本。而这本小册子应该并未产生多少影响，因为当社会民主党出版社的负责人施留特尔于1890年下半年致信恩格斯询问《保护关税派、自由贸易派和工人阶级》这篇演说的情况时，恩格斯在回信中希望施留特尔能够提供有关这篇演说的更多的资料以帮助他回忆当时的情形；然而即便是在施留特尔对收入了这两篇演说的小册子作了详细介绍之后，恩格斯却仍然表示：“我已毫无印象，也回忆不起来是什么了。”[②]由此可见，由魏德迈翻译的这个德文版本应该并不在恩格斯所重点关注的译文版本之列。而与此相对的，《演说》的第二个德文版本则是在恩格斯的亲自关怀和指导下完成的。

从1883年年末开始，伯恩施坦在征得恩格斯同意的情况下着手进行《哲学的贫困》德文第一版的翻译工作。在这个过程中他萌生了要将马克思有关自由贸易的演说进行翻译再版的想法，于是他多次写信并通过施留特尔向恩格斯征询意见。考茨基在1884年12月也致信恩格斯，询问马克思的《关于自由贸易问题的演说》如何刊印更好，是出单行本，还是作为附录收进当时斯图加特狄茨出版社正在排印的《哲学的贫困》德文版中。恩格斯在回信中明确表示，虽然他对伯恩施坦等人的意见表

---

① 这篇演说也是马克思准备在1847年布鲁塞尔国际经济学家会议上发表的演说全文的一部分。因为这篇演说的最后一部分与《关于自由贸易问题的演说》是重复的，所以约·魏德迈在翻译时便把这部分内容删掉了。恩格斯的《讨论自由贸易问题的布鲁塞尔会议》一文也引用了马克思这篇演说的内容。——本书作者注

②《马克思恩格斯全集》第三十八卷，人民出版社1972年版，第55页。

示理解，但他始终还是认为《关于自由贸易问题的演说》并不适合出版单行本，除了作为附录收入《哲学的贫困》，他“实在想不出把这篇东西放在哪里好”[①]，理由是，他认为《演说》和《哲学的贫困》属于著者的同一个发展时期[②]；此外还可能是由于二者在思想上的内在关联性，他也打算在他为《哲学的贫困》德文第一版所作的序言中引用《演说》的部分观点[③]。最终，伯恩施坦和考茨基接受了恩格斯的建议，并在恩格斯的帮助下——在翻译过程中，恩格斯将他精心收藏的仅存的法文孤本寄给伯恩施坦供其参考——完成了《关于自由贸易问题的演说》的翻译工作。1885年1月下旬，经恩格斯审定的《关于自由贸易问题的演说》德文第二版作为《哲学的贫困》的其中一篇附录由狄茨出版社在斯图加特出版。自此以后，《演说》就作为《哲学的贫困》德文第一版的一个组成部分而不止一次地以各种语言再版过[④]。

事实上在《演说》德文第二版出版的同一年，普列汉诺夫转译自魏德迈德译本的俄文版也在日内瓦由劳动解放社以单行本的形式出版。但这部俄文版是否得到恩格斯的同意以及指导从现已掌握的资料来看还无从定论，因为译者普列汉诺夫本人与恩格斯并无直接的交往，有关翻译马克思恩格斯著作的事宜应该主要是通过他们共同的朋友彼得·拉夫罗

---

①《马克思恩格斯全集》第三十六卷，人民出版社1975年版，第225页。

②《马克思恩格斯文集》第四卷，人民出版社2009年版，第214页。

③《马克思恩格斯全集》第三十六卷，人民出版社1975年版，第233页。也许是为了要更好地批判洛贝尔图斯的学说，恩格斯最后并未在这篇序言中引用《关于自由贸易问题的演说》的原文。——本书作者注

④ 这些版本包括但不限于：1891年西班牙文版；1892年德文第二版；1895年意大利文第一版；1896年法文第二版；1898年保加利亚文第一版；1900年英文第一版；1929、1932、1949年中文第一、二、三版，等等。

夫和维拉·查苏利奇来沟通的。比如，拉夫罗夫在1884年1月30日曾写信建议恩格斯把马克思的那些现已成为珍本的旧著加以再版；查苏利奇也曾就《资本论》《哲学的贫困》《社会主义从空想到科学的发展》等多部著作的俄文翻译工作向恩格斯征询意见和寻求指导。恩格斯均一一予以了热情的答复和真诚的帮助，而且他还曾在1884年1月给拉夫罗夫的回信中明确表示："日内瓦的几个俄文本——《宣言》等等，我很满意。"[①]他在此处所提到"几个俄文本"就包括1882年出版的普列汉诺夫翻译的马克思和恩格斯的《共产党宣言》，以及作为《现代社会主义丛书》第二册于1883年秋在日内瓦出版的马克思的著作《雇佣劳动与资本》。但1885年的《演说》俄译本并未包含在内，1885年前后恩格斯与二人的通信也均未明确提及《演说》及其俄文版的翻译事宜。此外，1894年，当恩格斯发现《演说》的意大利文译本转译自普列汉诺夫的俄译本时，他也对译文质量表示了担忧，据此我们可以推断，普列汉诺夫的俄译本极有可能并未经过恩格斯的审定。

此后，一直到1887年8月，当美国的社会主义者弗·凯利-威士涅威茨基夫人致信恩格斯，提出请他重新审读马克思的《关于自由贸易问题的演说》并为这篇著作撰写序言时，《演说》英文版的翻译工作才提上议事日程。在接到威士涅威茨基夫人的请求以及她于当年10月寄去的英文翻译初稿之后，恩格斯经过认真考虑后表示：鉴于《演说》本身的价值[②]，他同意出版《演说》英文版，并且也愿意为其撰写序言，虽然

①《马克思恩格斯全集》第三十六卷，人民出版社1975年版，第97页。

② 恩格斯在回信中写道："我一向知道，一本好书总会给自己开辟道路，产生影响，不管当时廉价文人们会说些什么。"（《马克思恩格斯全集》第三十六卷，人民出版社1975年版，第701页）

他认为他的序言未必会对美国保护关税派形成实质性的回击。

《演说》英文版的翻译出版工作持续了几乎整整一年时间，其间恩格斯付出了大量心血。除了撰写序言，他还要亲自审校译稿，并且为了保证审阅工作的效率和效果，他还邀请了马克思的小女儿爱琳娜一起参与校订的工作。此外，由于威士涅威茨基夫人的英译本是从德译本转译的，所以他们发现很多表述并非符合法文原文的表达，因此在爱琳娜的协助下，恩格斯又依据法文原文对英译本进行了大量修改，并请爱琳娜将译稿重新誊写。在审阅完译稿后，大约最早是在1888年4月底，恩格斯紧接着又开始了序言《保护关税制度和自由贸易》的写作。这篇序言是用英文写的，并且为了使序言能够更好地与美国的保护关税派进行论战，恩格斯还专门请朋友威·李卜克内西帮他找一些美国关税、国内税率以及美国如何使用关税使国内税在生产费用方面平衡的资料作为参考[①]。

恩格斯在《保护关税制度和自由贸易》这篇序言中简要介绍了马克思《关于自由贸易问题的演说》发表的背景，并在回顾了贸易政策在欧美资本主义发展进程中的影响和作用之后明确指出：随着资本主义的发展，保护关税制度会由刺激资本主义发展的因素变为阻碍资本主义发展的因素，因此从保护关税制度向自由贸易过渡是资本主义生产制度发展的客观需要和必然趋势；在资本主义制度下，只有实行自由贸易，生产力才能获得蓬勃发展，并最终推进到资本主义生产关系所无法容纳的地步，从而为无产阶级革命创造物质条件。恩格斯的上述观点与马克思在

---

①《马克思恩格斯全集》第三十七卷，人民出版社1971年版，第26页。

《关于自由贸易问题的演说》中的观点是完全一致的，而恩格斯的贡献则在于他在马克思论证的基础上又加入了最新发生的丰富的事实材料，并结合美国的具体情况进行了更为细致而深入的分析。由于《演说》英译本在联系出版方面遇到一些阻碍，所以恩格斯的序言在完成后便先于《演说》的英译本于1888年8月发表在纽约的《劳动旗帜》周报上。后来当1888年9月《关于自由贸易问题的演说》英译本在美国波士顿出版时，这篇序言便也收入这本小册子一同出版了。1888年5月9日至16日恩格斯又将这篇序言译成德文，以“保护关税制度和自由贸易”为题发表在1888年《新时代》第六卷第7期，并摘要发表在1888年7月1日苏黎世《社会民主党人报》第30号上，纽约的《社会主义者报》1888年10月7日第44号以“自由贸易和保护关税制度”为题发表了序言的结束部分。此外，这篇序言还从德文译成其他一些文字陆续发表。1889年4—5月间，哥本哈根丹麦社会民主党左翼机关报《工人报》第1—7号发表了这篇序言的丹麦文译文；1894年5—6月，米兰意大利社会党杂志《社会评论》第9—11号发表了序言的意大利文译文。这篇著作的中译文则收入1930年上海联合书店出版的由邹锺隐翻译的《自由贸易问题》一书。

1888年9月，在遭到多家出版社的拒绝后，《关于自由贸易问题的演说》英译单行本在美国波士顿由李–谢泼德出版社出版，单行本还收入了马克思《哲学的贫困》第二章“政治经济学的形而上学”中的“第七个即最后一个说明”作为附录（稍有删节）。威士涅威茨基夫人在最开始曾经建议把这一章的第四节“土地所有权或地租”也作为附录收进去，理由是美国的无政府主义者，特别是塔克尔，当时正在准备出版

《蒲鲁东全集》，同时为此大做广告；但最后在恩格斯的主张下单行本并没有收入这一节。英译本出版后，恩格斯又对小册子进行了仔细的校读，在只发现了两处印刷错误之后他感到非常满意，并对译本别致的装帧表示了赞许；随后他又帮助在英国报界进行分发赠送，还联络了在英国的经销商进行分销。在后来《演说》法文版的翻印以及意大利文译本的翻译工作中，英译本都发挥了重要的参考作用。

1891年2月23日，意大利社会党创始人、《社会评论》杂志主编菲·屠拉梯致信恩格斯，请求恩格斯允许他把马克思和恩格斯的一些著作译成意大利文出版，恩格斯欣然应允。1894年，屠拉梯将《演说》的意大利译文发表在《社会评论》4月1日和16日的第7、8期上，该杂志1894年5月1日、16日和6月1日第9、10和11期上也发表了恩格斯的序言。恩格斯看到杂志后发现这个译本并未依据法文原文翻译，而是转译自普列汉诺夫的俄译本，而俄译本又转译自魏德迈的德译本，并且被大量地删节，从而严重影响了译文的准确性。于是他立刻分别给屠拉梯和正在负责《演说》法文版翻印的马克思的二女儿劳拉·拉法格写信，告知屠拉梯必须依据法文原文进行修改，并请劳拉·拉法格尽快将《演说》法文翻印版的校样寄给屠拉梯，他自己也寄去了一册英译本给屠拉梯作为参考。最终，在恩格斯的指导和帮助下，《演说》及其序言的意大利文版于1894年在米兰出版了单行本。

综上可知，以上各单行本中被引用最多、最为权威的版本当数1848年在布鲁塞尔出版的法文单行本，该版本不仅被恩格斯作为范本用于指导其他各语种单行本的翻译工作，也成为后来其他各语种《马克思恩格斯全集》所收录《关于自由贸易问题的演说》的翻译底本。

三、内容简介

《关于自由贸易问题的演说》是一篇为了与资产阶级自由贸易派进行辩论，同时对无产阶级工人群众和小资产阶级民主派进行教育和宣传的一部讲演式的著作。虽然它的篇幅并不长[1]，但仍然不失为一部短小精悍、犀利深刻、流畅生动的作品。

全篇内容共分为三个部分。第一部分是介绍在自由贸易派中流行的、具有代表性的观点，并逐一进行反驳。这些观点主要包括：

（1）对谷物征收保护关税将使谷物价格上涨，从而使工人陷入贫困，因而要废除谷物法、取消保护关税，实行自由贸易。马克思用于反驳的论据是：在1815年到1843年这一时期内，谷物价格的上涨并未增加多少工人的生活成本，反而是工资的下降使工人陷入了真正的贫困，原因在于——“在最近30年中，我们的工业获得巨大发展，而我们的工资的下降率却大大超过了谷物价格的上涨率”[2]。

（2）三位获得反谷物法同盟著作奖的经济学家的观点。首先，霍普认为，废除谷物法、实行自由贸易以后从国外进口谷物会导致国内谷物价格下跌，但这只会损害地主的利益，工人和租地农场主都不会受到影响；其次，莫尔斯则认为，废除谷物法、实行自由贸易以后从国外进口谷物并不会导致国内谷物价格下跌，而是上涨，但这一点也只会对地主造成不利影响；最后，格雷格承认，谷物法由于迫使资本投于劣等地，

① 按法文原文计算，全篇一共大约5680个单词。——本书作者注

②《马克思恩格斯文集》第一卷，人民出版社2009年版，第745页。

所以确实会引起谷物价格的上涨，而废除谷物法则必然降低谷物的价格，从而降低地租并必然引起一部分小租地农场主破产，这将有利于大租地农场主兼并土地、采用机器，从而降低手工劳动的生产费用。

对于以上罔顾事实、逻辑混乱以及避重就轻的观点，马克思均予以明确的批评和回击，并且还犀利地指出，反谷物法同盟为了宣传自由贸易的主张不惜耗费巨资拉拢报刊、为著作颁奖、组织宣讲布道，并声称这一切都是为了提高工人工资所作出的巨大牺牲；另一边却在用最卑劣的手段来克扣工人的工资。马克思在演说中不无愤慨地指出：正是这样伪善的行径和面目才使得工人发出具有讽刺意味的呐喊：“要是地主出卖我们的骸骨，那么，你们这些厂主就会首先买去放到蒸汽磨中去磨成面粉！”①

第二部分马克思则运用英国古典政治经济学关于工人最低工资的理论等论据证明：自由贸易只会损伤工人的福利并加剧资产阶级与无产阶级的对立和矛盾。自由贸易派极力主张推行自由贸易的一个主要理由是：工人阶级会从一切商品的跌价中，从国民财富的增长和生产资本的增长中得到好处；但马克思在演讲中用自由贸易派的理论基础——英国古典政治经济学的相关理论证明：随着所谓的国民财富的增长，工人的工资必定会越来越低。

按照古典政治经济学的最低工资理论，工人之间的竞争会把工人劳

① 《马克思恩格斯文集》第一卷，人民出版社2009年版，第749页。

动[①]的价格降低到它的最低生产费用，即最低工资，又被称为是劳动的自然价格；这个最低工资，就是工人维持生计、能够勉强养活自己并延续后代所需要的最低的费用。古典政治经济学认为，工人工资的变化会呈现出一种上下波动的规律，即工人的工资会围绕最低工资（劳动的自然价格）上下波动，长期来看工人的工资将与最低工资水平保持一致。

马克思明确表示，上述规律确实是能够揭示经济现象的较为科学的认识，但正因为如此，自由贸易派的悖论就难以避免了。因为古典政治经济学上述理论的前提是自由贸易已经得到了充分实现，并且随着自由贸易的发展，工资变化的经济规律还会进一步加强。这就意味着，如果自由贸易能够被实现，那么按照最低工资理论，工人能够获得的所谓好处，最多也只是"最低工资"；更何况，随着自由贸易带来的商品的普遍跌价所导致的工人维持生存最低费用的下降，这个"最低工资"还有可能进一步下降。所以，马克思毫不客气地指出了这一悖论的荒谬之处："因此，二者必居其一：或者全部否定以自由贸易这一前提作基础的政治经济学，或者承认在自由贸易的情况下工人势必要受到经济规律严酷无情的打击。"[②]很显然，正是自由贸易派的谎言使古典政治经济学的理论陷入了两难的境地。因为自由贸易带来的生产力扩大、经济繁荣的最终后果只可能是资本积累、积聚的进一步扩大，从而导致分工的精细化、专门化以及机器被更广泛地使用，而这必然使得工人被扩大的分

① 英国古典政治经济学由于没有形成对"劳动力商品"的科学认识，因而认为工资是"劳动"的价格，而非"劳动力"的价格。而马克思和恩格斯在19世纪40—50年代，即马克思制定出剩余价值理论以前所写的著作中也使用过"劳动价值""劳动价格""出卖劳动"这样相对并不恰当的概念。——本书作者注

②《马克思恩格斯文集》第一卷，人民出版社2009年版，第756页。

工所淘汰、被机器所排挤、被不断扩大的产业后备军内部的竞争所裹挟，总之，工人的生存状况即使是在实现自由贸易结果最好的条件下仍然会恶化。因此，马克思在演说的第三部分就将自由贸易的本质总结为“资本的自由”。

第三部分是对自由贸易的本质进行总结，并表明作者本人对于自由贸易的态度。在演说的最后，马克思经过充分的论证后总结道：“在当今社会条件下，到底什么是自由贸易呢？这就是资本的自由。排除一些仍然阻碍着资本自由发展的民族障碍，只不过是让资本能充分地自由活动罢了。”[①]又由于资本主义生产关系的本质就是以生产资料私有制为基础的雇佣劳动关系，因此自由贸易所保障的资本的自由，事实上就是资本家凭借雇佣劳动关系剥削工人的自由。因此，自由贸易越是发展，资本主义经济越是繁荣，雇佣劳动关系就越是牢固，资本家对工人的剥削和压榨就越是深重，资产阶级与无产阶级之间的对立就越是尖锐；此外，马克思还进一步指出，自由贸易派所谓的能够发挥各国自然禀赋的国际分工格局，也不过是服务于优势工业国的可以被随意操纵的不公正的国际秩序而已。

马克思在揭示出上述资本主义社会基本矛盾运动的内在逻辑之后，义正词严地表明了自己对于自由贸易的态度：他批判自由贸易的目的并不是为了维护保护关税制度。因为从资本主义发展的历史趋势来看，保护关税制度在完成了与封建制度斗争、培育本民族工业资本的历史使命之后已经成为生产力发展的桎梏，势必要被自由贸易所取代。因此，当

---

① 《马克思恩格斯文集》第一卷，人民出版社2009年版，第756页。

自由贸易登上历史舞台，充分地发挥它推动生产力发展的巨大作用，从而使资产阶级与无产阶级的对立发展到不可调和的地步时，自由贸易才发挥出了真正对工人有益的作用，即“加速了社会革命”[①]的发生。马克思也正是从这个意义上才对自由贸易表示拥护和赞成。

---

①《马克思恩格斯文集》第一卷，人民出版社2009年版，第759页。

《关于自由贸易问题的演说》邹锺隐译本考释

在中国人首先了解到的马克思主义理论体系中，政治经济学是其中不可或缺的组成部分。《关于自由贸易问题的演说》当中则包含了马克思主义政治经济学剩余价值理论的初步原理。因此，《关于自由贸易问题的演说》邹锺隐译本对于马克思主义政治经济学理论在中国的传播和发扬光大具有不容忽视的重要意义。

一、译介背景

19世纪末20世纪初，中国民族资产阶级在推翻清政府腐败统治的过程中，成为中国政治舞台上的新兴力量，然而他们想从西方寻求“救国”方案的道路却最终失败。陈独秀在总结辛亥革命失败的教训时认为，共和制度之所以不能真正得到巩固，中国的状况依然那样黑暗，根本原因还是在于辛亥革命缺少一场有足够力度的思想文化运动作为先导，因为如果没有一场对旧思想、旧文化、旧礼教的彻底批判，大多数国民的头脑就仍会被专制和愚昧牢牢地束缚着。因此，以陈独秀为代表的一批中国先进知识分子便从思想领域出发掀起了一场以“民主”和“科学”为口号的新文化运动[①]。“民主”批判的是中国几千年来的封建专制制度，“科学”批判的则是中国几千年封建文化中的愚昧和迷信。

① 新文化运动有狭义和广义之分。狭义的是指1919年5月以巴黎和会中的山东问题为导火线的五四爱国运动。广义的包括从1915年开始的初期新文化运动到1920年中国共产党成立前夜。——本书作者注

这场运动所推动的思想启蒙可谓振聋发聩，正如历史学家陈旭麓所分析的那样："新文化是与旧文化相对而言，是对千百年来的历史沉积而成的旧文化的扬弃和超越。""孔子是中国传统小农社会的精神象征，是二千年来中国思想界的最大权威。""在二千多年的历史里，孔学因与皇权结合而政治化，皇权因与孔学结合而伦理化。在这个过程中，贬抑皇权者代有人出，正面非孔者绝少；皇权虽不断更迭，而孔子的权威却日益稳固，从未动摇过。"[①]由于从根本上重新评价了千百年来定于一尊的儒家思想，在社会上引起了巨大震动，因此初期新文化运动解放思想的意义是毋庸置疑的。

然而，初期新文化运动仍然是在西方资产阶级民主主义旗帜下进行的。他们用来反对旧文化、旧礼教的思想武器，主要是以个人为中心的"独立人格"和"个性解放"，他们所追求的还只是个人的解放，而不是整个国家民族的解放。很显然，这种以个人为中心的思想武器，根本无法给灾难深重的中国人指明真正的出路。因为一方面，要推翻帝国主义和封建势力的黑暗统治，绝不能只依靠个人的奋斗，而必须要着眼于社会的改造以及民族整体的解放。于是，改造社会的问题在思想界逐渐被提到突出的地位，并成为先进青年关注的焦点。另一方面，随着民族工业的迅速发展，中国产业工人的人数急剧增加，达到200多万人，他们已成为不容忽视的社会力量。不断兴起的工人政治性罢工令中国的先进知识分子逐渐认识到：不能只关注上层政坛的活动，还要把眼光转向处在社会底层的劳苦大众那里去；知识分子不能孤芳自赏，把自己局限于

① 转引自金冲及：《二十世纪中国史纲》（简本），社会科学文献出版社2012年版，第100页。

狭窄的小天地中，应该同劳工阶级站在一起。于是当巴黎和会这根导火索点燃了五四运动这场规模空前的反帝爱国群众运动以后，整个新文化运动的走向便发生了革命性的变化，马克思主义最终成为新文化运动的主流。[①]

为什么马克思主义能够进入中国先进知识分子的视野呢？这一方面是由于苏俄的经验验证了马克思主义的真理性，另一方面则源于马克思主义自身的理论魅力。日本学者石川祯浩分析认为："马克思主义通过唯物史观、阶级斗争论以及革命完成后将出现共产主义美满世界的预言，提供了根本解决的方法和对将要到来的时代的信心，从而引起了一场'知识革命'。五四时期，各种西方近代思想洪水般地被介绍进中国，其中，马克思主义将其综合体系的特点发挥到了极致。在这个意思上，马克思主义对于能理解它的人来说意味着得到了'全能的智慧'，而对于信奉它的人来讲，则等于找到了'根本性的指针'。在旧有的一切价值被否定、而新的替代机轴尚未出现，因而混沌达于极点的五四时期的思想状况，由于马克思主义的出现，总算得到了一条坐标轴，变得异常简明起来。"[②]于是在不断追寻真理、实践真理的过程中，引领旧中国发生彻底变革的力量——中国无产阶级的先锋队中国共产党便最终诞生了，与之相伴的，则是马克思主义理论和马克思主义经典著作开始有领导、有系统、有计划地被译介到中国来。[③]

---

① 金冲及：《二十世纪中国史纲》（简本），社会科学文献出版社2012年版，第97—120页。

② 转引自金冲及：《二十世纪中国史纲》（简本），社会科学文献出版社2012年版，第116—117页。

③ 中共中央马克思恩格斯列宁斯大林著作编译局马恩室：《马克思恩格斯著作在中国的传播》，人民出版社1983年版，第272—276页。

自中国共产党成立到第一次国内革命战争结束，无论是马克思、恩格斯的著作中译文的种数，还是介绍和宣传马克思主义的文章都比党成立以前显著增多。这几年中，仅马克思、恩格斯著作新发表的中译文就有15种。这说明中国共产党从它诞生之日起就非常重视宣传马克思主义，并为此作出了巨大的努力。由于党的领导和推动，马克思、恩格斯著作的翻译、出版工作向前推进了一大步，为马克思、恩格斯著作在中国更广泛地传播打下了基础。

然而，1927年大革命失败后，随着中国革命进入低潮，马克思主义经典著作的翻译和出版也经历了一个极为困难的抗争时期。在国民党统治区，敌人疯狂地进行大规模的文化"围剿"，马克思主义经典著作被列为禁书，革命书刊的著译者和出版发行工作者遭到迫害，党的地下出版机构被破坏，一些进步书店被查封。但是，广大革命者和进步文化工作者并没有被反动派吓倒。他们在党的领导下，不畏强暴，巧妙地利用一切公开的和秘密的形式为传播马克思主义同敌人进行了艰苦卓绝、不屈不挠的斗争。[①]

从1928年到1930年短短的3年中，仅新翻译出版的马克思、恩格斯的著作，就有包括《资本论》《政治经济学批判》《反杜林论》《家庭、私有制和国家的起源》《路德维希·费尔巴哈和德国古典哲学的终结》等在内的近40种。到了1929年，随着革命文化运动的开展，社会科学界也逐渐活跃起来。社会科学方面的译著开始大量出版发行。这一年

---

① 中共中央马克思恩格斯列宁斯大林著作编译局马恩室：《马克思恩格斯著作在中国的传播》，人民出版社1983年版，第272页。

“可以说是关于社会科学的出版物风行一时的年头”。[①]这些书籍主要是经济学和经济史、唯物辩证法、社会主义和社会思想史、革命史以及关于帝国主义和苏联革命等方面的。由于马克思主义著作在人民群众中的流传日益广泛，影响日渐扩大，购买和阅读马克思主义著作的人也越来越多，因此马克思恩格斯经典著作中许多知名度较低、但具有较大价值的篇目便被许多中小书店和出版社列于出版计划之中。其中，由近代著名的出版家、出版史家张静庐于1930年所创办的上海联合书店便是其中一个典型代表。张静庐是我国近代书店专业经营战略的开拓者之一[②]，而他之所以会定位于专业经营这一策略，则是由于近代一些大型出版机构面对正在兴起的新文化运动没有表现出太大的兴趣，这就为张静庐的专业经营书店留下了充足的发展空间。因此张静庐便于1925年创办了光华书局、1928年创办了现代书局，这些都是以文艺类书籍为主的专营书店；1930年创办上海联合书店时，张静庐对其的定位是“专门社会科学书店”。而上海联合书店的图书出版又主要集中在社会科学领域中的经济类、政治类图书，比如《现代政治思潮》《中国革命与中国社会各阶级》《中国资本主义之发展》《中国农村经济的崩溃》等。这些书目显然都是出版方结合自身条件，密切关注当时的社会热点问题并进行了充分考量之后做出的选择，也由此可以窥见当时图书出版市场对于科学社会主义相关思想理论著作的渴求。正是在这样一个大背景下，邹锺隐所翻译的《自由贸易问题》才得以在上海联合书店出版刊印。

---

① 中共中央马克思恩格斯列宁斯大林著作编译局马恩室：《马克思恩格斯著作在中国的传播》，人民出版社1983年版，第274页。

② 齐晓艳：《张静庐出版思想研究》，河北大学2011年文学硕士学位论文，第26—29页。

二、译者介绍

邹锺隐，1906年3月生，1994年5月26日因病去世，享年88岁。邹锺隐原名邹宗伊[①]，湖北随县人[②]。1931年肄业于上海劳动大学经济系，1932年起任汉口市立职业学校商科主任，兼汉口总商会《商业月刊》编辑。抗战期间，在重庆大学和求精商业专科学校任教。1945年起任交通大学财务管理系副教授，1951年提升为教授。同年，院系调整，调任上海财经学院经济计划系教授。1972年调任复旦大学国际政治系教授。曾讲授货币银行学、银行制度、投资学、财政学、国民经济计划原理、物资平衡表等多门课程。

在上海财经学院任教期间，邹锺隐曾任院务委员会委员、院科研委员会副主任、商业经济系副主任、学报《财经研究》编委等职务。他还是上海市经济学会筹建人之一，历任该学会的理事、顾问等职。从1960年开始，他一直参加《辞海》“部门经济”的编写与审稿工作。

邹锺隐的代表作有：《金融经济大纲》（1935年，中华书局）、《中国战时金融管理》（1943年，财政评论社）、《国民经济计划中的速度和比例》（1956年，上海人民出版社）、《谈谈苏联第六个五年计划》（1956年，新知识出版社）等。译有马克思的《自由贸易问题》（1930年，上海联合书店）、与何学尼合译的司马特的《价值论概要》（1930年，上海黎明书局）。发表的论文有：《货币本质之研究》《国际商战之回顾与前

---

① 除邹锺隐外，邹宗伊还曾化名为邹宗儒。——本书作者注

② 王增藩主编：《复旦大学教授录》，复旦大学出版社1992年版，第313—314页。

瞻》《金融市场》《两大部类的比例关系》《社会主义制度下经济效果的主要指标》等近百篇。

三、编译过程及出版情况

在邹锺隐翻译的中文单行本问世以前，《关于自由贸易问题的演说》曾作为《哲学之贫困》的附录由杜竹君翻译成中文在1929年10月由上海水沫书店出版。而邹锺隐译单行本出版以后直到1950年，北平东亚书局又于1932年7月出版了许德珩翻译的《哲学之贫乏》，解放社则于1949年9月出版了何思敬翻译的《哲学底贫困》。这两个中文版本的《哲学的贫困》都在附录中收入了《关于自由贸易问题的演说》。因此，在1950年以前，《关于自由贸易问题的演说》的中译本目前可知的应为4种版本，即邹锺隐单行本、杜竹君附录本、许德珩附录本和何思敬附录本。杜竹君附录本和许德珩附录本均依据的是1922年巴黎出版的《哲学的贫困》法译本；许德珩附录本还同时参阅了1920年美国出版的英译本和日译本；何思敬附录本则参照的是英译本。邹锺隐单行本是以1928年在日本出版的《自由贸易问题》为底本翻译的，这部日译本在日本又是首次依据法文原文翻译的[①]，这就使得邹锺隐译本的译文质量获得了一定的保障。然而由于客观条件所限，邹锺隐译本在当时仅发行了1500册，时至今日已经十分稀缺。

此外，由于日译本在出版时附有恩格斯为《演说》英文版所作的序

---

① 根据日译本译者序言，以往在日本出版的《关于自由贸易问题的演说》均翻译自《哲学的贫困》德文版附录。——本书作者注

言，因而这篇序言也被纳入邹锺隐译本中。除此以外，邹锺隐还将梁赞诺夫在收集整理马克思遗稿时所发现的马克思的《工资》手稿以及梁赞诺夫为其所作的序言翻译成中文附于正文之后。梁赞诺夫这篇序言不仅详细介绍了该手稿的主要内容和理论观点，还较为深入地分析了手稿与《共产党宣言》《雇佣劳动与资本》以及《关于自由贸易问题的演说》等重要文本之间的内在关联。这些内容不仅能够加深对马克思布鲁塞尔时期各种著作的理解和阐释，也对研究马克思政治经济学的思想发展脉络具有很大的参考价值。

《关于自由贸易问题的演说》邹锺隐译本译文解析

由于邹锺隐翻译的《关于自由贸易问题的演说》仅1930年8月由上海联合书店出版的《自由贸易问题》一种版本，因此本书便以该版本为准，并对照2009年人民出版社出版的《马克思恩格斯文集》第一卷中的中央编译局权威译本，同时参照作为《哲学之贫困》附录出版的1929年杜竹君译本进行译文解析。

一、术语考证

《关于自由贸易问题的演说》邹锺隐译本（以下简称“邹译本”）中的术语按照是否与现行一致、含义是否一致这两个标准加以区分，大致可以分为以下三类：第一类是与当前通行术语一致，且基本含义一致的术语；第二类是与当前术语差别较大，但可以“望文生义”的术语；第三类是与当前术语不一致且含义差异较大的术语。

1. 关于第一类

邹译本中有大量的术语与当前的术语一致，如“自由贸易”“保护关税”“工资”“价格”“资本”“劳动”“雇佣劳动”“地租”“利润”“生产过剩”“周期”“商品”“市场”“生产力”“生产”“分工”“消费”“供给”。这些术语基本都属于政治经济学范畴，结合其所使用的语境来看，在用法和含义上不仅与今天的术语一致，与同时期的其他马克思主义经典著作的译本也几乎是完全一致的。这说明，自1903年《近世社会主义》《社会主义》《社会党》这三部译介自日本学术界的马克思主义理论专著中译本问世以来，借鉴自日文译法的马克思主义理论基本术语就已大致定型。又由于邹译本就是直接从日译本翻译而来，故而其基本术语的翻译亦更能与当时通行的译法保持一致。

2. 关于第二类

《关于自由贸易问题的演说》邹译本中出现的人名、地名、货币单位均属此类。邹译本对于这类术语，按照当时通行的做法，一方面在排版上设计了固定的格式，即将文中出现的人名、地名用左侧直线的方式标出；另一方面，为了避免误解，邹译本大多标注了英文原文。

人名、地名、货币单位对照表

人名	
邹译本	**文集本**
布林格/波林格	包令
莫斯	莫尔斯
格勒格	格雷格
李加图	李嘉图
乌尔	尤尔
盎斯奈	魁奈

续表

地名	
邹译本	**文集本**
曼却斯特	曼彻斯特
达加	达卡
货币单位	
邹译本	**文集本**
辨士	便士
佛郎	法郎
所	苏

在专门术语中，邹译本还有一个著作名的翻译与现行术语不一致，且中文含义与原文差异过大，无法“望文生义”，故单列在此：

邹译本	文集本
地代论	政治经济学和赋税原理

除人名、地名和著作名之外，邹译本中还有许多术语与现行术语不一致，但这些术语的含义可以很容易被读者理解，不妨碍读者领会马克思原著中的理论观点及其论证过程。

术语对照表

邹译本	文集本
谷物条例	谷物法

续表

邹译本	文集本
制造业者/工场主	工厂主
自由党	自由派
民主党	民主派
自由贸易论者	自由贸易派
宪章运动者	宪章派
工场	工厂
劳动者	工人
产业	工业
救贫法	济贫法
工作房	习艺所
生产品/生产物/制造品	产品
谷物关税	谷物税
谷物条例废止同盟	反谷物法同盟
低落	下跌
腾贵	上涨
输入	进口
制造业	工业
小作契约	租约
机械	机器
十时间法案	十小时工作日法案
新闻纸	报刊

续表

邹译本	文集本
农产物	农产品
沉滞	停滞
恐慌	危机
蓄积	积累
利润比例	利息率
小利贷业者	小食利者
需要	需求
力织机	用蒸汽发动的织布机
机械组织	机器技术
有产阶级	资产阶级
火酒	烧酒
发见	发现
国民	民族
榨取	剥削
自然的命运	自然禀赋
独占	垄断
化费	花费
纺锤	纱锭

与现行译本相比较而言，以上术语之所以会出现翻译不准确的情况，主要是由于译者对于当时西方国家经济社会、历史传统、思想文化等各种背景性知识了解不够深入，因而在一些术语的使用上仍然带有中国传统书面用语的痕迹，在语言现代化方面存在一定程度的滞后现象。

3. 关于第三类

《关于自由贸易问题的演说》邹译本[①]中也有相当一部分术语与现行术语不一致，且存在较大差异，妨碍读者对术语的理解。

（1）“佃农”。该术语在文中一共出现了8次，主要分布在以下语句中：

> 现在有若干佃农及农业劳动者加入这派的议论。（第6页）

> 其中受奖之一人，极力的证明因外国谷物自由输入而受损失的，既不是佃农，又不是农业劳动者，只是地主承担吧了。（第6页）

> 他大声的喊着：英国的佃农们，不要害怕谷物条例的废止！为什么呢？因为没有那一个国家能够生产像英国那样质良而价廉的谷物来的。（第7页）

---

① ［德］马克思：《自由贸易问题》，邹锺隐译，上海联合书店1930年版。以下凡引此书，仅在文中标注页码。

> 并且他与他们得奖的同伴完全相反，他肯定的说谷物价格的腾贵是于佃农和农业劳动者双方有利的，却于地主是无利的。（第8页）

> 第三个得奖的格勒格先生是一个大制造业者，而且他的论文是为对抗大佃农阶级写出来的。（第8页）

> 他说："有不堪农业之苦的佃农会投身到制造业中去找出路。大佃农必然因此获得厚利。盖因地主不得不把他的土地极低廉的卖给他们，而且他们彼此之间所缔结的小作契约又一定是期限很长的。这种事情将使大佃农投放大批资本于土地上，应用大规模的机械，而且因此又能节约手工业的劳动。"（第9页）

按照现行译本，在邹译本中被译为"佃农"的这一术语应译作"租地农场主"。事实上，除《关于自由贸易问题的演说》以外，马克思和恩格斯在其他经典著作中用德语论述相关问题时均使用的是Pächter一词来表示"佃农"和"租地农场主"这两个概念；在法语中，则使用的是fermier一词；在英语中，则是farmer或者tenant farmer。这意味着，如果不考虑中文使用习惯和概念具体含义的差别，将该著作中的Pächter/fermier/farmer（tenant farmer）译作"佃农"，也是恰当的。

但问题在于，在中文里，"佃农"和"租地农场主"存在着较大差异。首先，"佃农"一词在中国主要是指在封建地主制经济下租种地主土地的农民，不同时期又有田客、佃客、地客、庄户、佃户等称谓。佃农耕种地主的土地，但自有一定的劳动工具、生产资料和生活资料，显然这属于农业与手工业相结合的家庭经济。而小私有者的地位也使他们具有一定的生产积极性。但必须要看到的是，佃农是封建地租剥削的主要承担者。他们缴纳地租，并服各种劳役，遭受繁重剥削，因此在旧中国，佃农一般都是贫农；有较多生产工具和活动资金、能够剥削雇工的佃中农和佃富农只是少数。由此可见，“佃农”一词在没有特指的情况下，在中文的语境中主要代表的还是没有多余生产资料和资金雇佣他人帮助劳动的贫农。

其次，“租地农场主”作为外来词，在马克思主义政治经济学的中文语境中具有特殊的含义，主要是指租入土地并雇佣农业工人进行农业生产的农业资本家。根据马克思在《资本论》第一卷第二十四章第四节“资本主义租地农场主的产生”中对英国租地农场主产生过程的概括可知，租地农场主是在欧洲封建领主制度瓦解过程中逐渐产生的。随着封建制度下佃农的分化，他们中间的一部分人沦为无产者，另一部分比较富裕的阶层就转化为租地农场主。租地农场主从土地所有者手中租来土地，再雇佣农业工人从事直接经营，并根据其投入资本的多少按照平均利润率获得平均利润，超过平均利润以上的余额以地租的形式交给土地所有者。马克思认为，不管是租地农场主的利润还是地租都是剩余价值的转化形式，都体现了对雇佣工人的剥削关系，因而租地农场主从本质上讲也是资本家，是与工业资本家相区别的农业资本家。但从德文、法文、英文三种译本来看，马克思在论述该问题时并未在术语上对“佃农”和“租地农场主”进行明确的区分，只是在第四节标题中的

Pächter/fermier/farmer前加上了“资本主义的”一词予以强调。

而参照德文、法文、英文三个版本的上下文语境，Pächter/fermier/farmer又几乎都是与“农业工人”这一概念成对出现的，并且文中还专门论及了自由贸易条件下大租地农场主排挤小租地农场主之后对资本主义农业生产造成的影响。由此，我们可以断定，《演说》应当也是从资本主义农业这一范畴来使用Pächter/fermier/farmer一词的；因此，中文现行译本将其译作“租地农场主”应该更为恰当，而邹译本的“佃农”则无法体现这一概念的本质含义。

（2）“生产手段”与“生活方法”。这两个术语在文中一共出现了4次，主要分布在以下语句中：

> 如机械规模很大时，就产生与此相同的结果，生产资本的增加，使产业资本家不得不尽量使用日渐增加的生产手段。（第18页）

> 他以为劳动者是可以出卖低廉的生产手段代替的生产手段。（第23页）

> 不但如此，产业进步产生更会便宜的生活方法，例如，火酒代替啤酒呀，棉花代替羊毛和麻呀，马铃薯代替面包等。（第26页）

引文中的“生产手段”和“生活方法”是马克思主义术语的早期形

式，杜竹君译本也译为“生产手段”和“生存方法”，这两个术语在现行译本中被译为“生产资料”和“生活资料”。生产资料指的是劳动者进行生产时所需要使用的资源或工具，一般包括土地、厂房、机器设备、工具、原料等；生产资料是生产过程中的劳动资料和劳动对象的总和，它是生产所必备的物质条件。而生活资料则是指用来满足人们物质和文化需要的社会产品。生活资料是人们维持正常生存和发展所必备的物质条件，随着社会经济的不断发展，生活资料的构成将会发生有规律的变化，即由温饱型物质层面向享受型精神层面扩展。时至今日，生产资料和生活资料或许也可称为生产手段和生活方法，但是前者更符合当代马克思主义学术话语体系构建的规范性要求。因为我们常用“生产资料所有制”“物质生活资料”这一术语组合形式，也时常将“生产资料”和“生活资料”并行使用，如果改为“生产手段”和“生活方法”就无所取义了。

二、观点疏正

马克思在《关于自由贸易问题的演说》中驳斥资产阶级自由贸易派的一个重要论据是英国古典政治经济学关于最低工资的理论。按照这一理论，工资是工人劳动的自然价格，而马克思在文中引述其观点时也仍然沿用了这一提法，即工资是劳动的价格，是工人用自己的劳动与资本相交换的报酬。

这里选取邹译本中涉及该理论观点的一段译文与现行译本加以比较。

【邹译本】

毫无疑义的，如果一切商品的价格下落——这是自由贸易的必然结果——我们就可以一佛郎购得比以前较多的物品，而且劳动者的货币价格是和别人的货币价格没有不同的呢！所以，自由贸易是于劳动者很有利的。然而这里称为有点不便宜，即是劳动者在未把他们的货币去与其他的商品相交换时以前，先就要把他们的劳力去和资本相交换这件事。如果在这个交换之中，劳动者照常以同一劳动收回同一金额，而其他一切商品的价格都跌落下去的时候，那么，他们就在这个市场有所利得。但是，问题不在证明所有商品的价格都跌落时我们能以同一金额购得较多的商品这一点上。

经济学家常常把劳动价格之在劳动与其的商品相交换时列为问题，至于劳动与资本相交换时的劳动价格，则完全付于等闲。（第15—16页）

【现行译本】

显而易见，当一切商品跌价时（这种跌价是自由贸易的必然结果），我用一个法郎买的东西要比过去多得多。而工人的法郎同其他任何法郎一样，具有同等价值。因此，自由贸易对工人会是非常有利的。但美中不足的是，工人在以自己的法郎交换别的商品以前，已经先以自己的劳动同资本进行了交换。要是当他进行这种交换的时候，仍然能以同量的劳动换得上述数量的法郎而其他一切商品又在跌价的话，那么他在这种交易中始终都会是有利的。困难并不在于证明当一切商品跌价的时候，用同样的钱可以买到更多的商品。

经济学家总是在劳动与其他商品相交换的时候去观察劳动价格，却把劳动与资本相交换这一环节完全置之度外。[①]

对以上译文进行比对可以发现两个问题：第一，邹译本中的“而且劳动者的货币价格是和别人的货币价格没有不同的呢”一句中，“货币价格”按照原文应译为“法郎”，但邹译本的翻译也不影响读者理解，因为依据上下文，此处的“法郎”也是从其作为货币的购买力的角度来使用的，因此将其译作“货币价格”也可以较为准确地传达原文的含义。第二，邹译本除在“即是劳动者在未把他们的货币去与其他的商品相交换时以前，先就要把他们的劳力去和资本相交换这件事”这一处将“劳动”译为“劳力”以外，其余各处凡是涉及“劳动与资本相交换”“劳动价格”等的表述均与现行译本保持一致。那么，邹译本在此处将“劳动”译为“劳力”是属于误译，还是由于邹译本对该术语变化所涉及的理论问题有独到见解所致呢？这一点需要通过对“劳动力的价值或价格转化为工资”这一问题的梳理来进行论证。

恩格斯在1891年为马克思的《雇佣劳动与资本》所写的导言中曾明确指出，由于19世纪40年代，马克思的剩余价值理论尚未臻于完善，所以对于一些理论观点的阐述如果用后来的著作中的观点来衡量就是不

①《马克思恩格斯文集》第一卷，人民出版社2009年版，第751页。

妥当的，“甚至是不正确的”[①]；而“劳动价格”“出卖劳动”“劳动商品”这样的概念恰好属于这一类的情形。因此，恩格斯在校订《雇佣劳动与资本》的新版单行本时，便作了相应的修改，将“工人为取得工资向资本家出卖自己的劳动”改为工人向资本家“出卖自己的劳动力”[②]；并在导言中特别强调，他所作的修改并非单纯的咬文嚼字，“而是牵涉到全部政治经济学中一个极重要的问题”[③]，而这个问题就是“劳动力的价值或价格转化为工资”的问题。

在《资本论》中，马克思正是通过剖析货币转化为资本、劳动力转化为商品、劳动力价值转化为工资的过程，揭示了资本主义工资的实质，即工资是劳动力的价值，“是维持劳动力占有者所必要的生活资料的价值”[④]。马克思指出，在资本主义的社会意识中，劳动力价值事实上是被当作“劳动的价值”来看待的，而“劳动的价值”的货币表现就是英国古典政治经济学理论所认为的“劳动的自然价格”；按照其理论，作为“劳动的市场价格”的工资就会在供求等因素的影响下围绕“劳动的价值”或其货币表现“劳动的自然价格”的量上下波动。

然而，按照马克思的劳动价值论，劳动与工资相交换这一理论逻辑却是存在重大缺陷的。因为货币作为交换价值，与它相交换的另一极，应当是某种在交换价值上与它相等的使用价值。比如，当我们说“货币为劳动而支付”时，这个使用价值就应指劳动所创造出的商品；当我们

---

①《马克思恩格斯文集》第一卷，人民出版社2009年版，第701页。
②《马克思恩格斯文集》第一卷，人民出版社2009年版，第702页。
③《马克思恩格斯文集》第一卷，人民出版社2009年版，第702页。
④《马克思恩格斯文集》第五卷，人民出版社2009年版，第199页。

说“货币为劳动力而支付”时，这个使用价值就应指劳动力这个商品本身。所以“劳动的价格”这种提法事实上就从根本上混淆了这两种使用价值在资本主义生产过程中的性质和作用，从而掩盖了资本对剩余价值的剥削实质。也就是说，工资实际上是将“劳动力的日价值”当作“日劳动的价值”来表现；在资本家的观念中，他会认为既然工资支付了工人全部“日劳动”的价值，那么在这个“日劳动”中又怎么会有必要劳动与剩余劳动的区分呢？正如马克思所指出的那样：“体现工作日的有酬部分即6小时劳动的3先令价值，表现为包含6小时无酬劳动在内的整个十二小时工作日的价值或价格。于是，工资的形式消灭了工作日分为必要劳动和剩余劳动、分为有酬劳动和无酬劳动的一切痕迹。全部劳动都表现为有酬劳动。”[①]马克思还进一步明确指出，工资对资本主义生产关系剥削性质的粉饰作用，对于资本主义社会具有决定性的重要意义：“这种表现形式掩盖了现实关系，正好显示出它的反面。工人和资本家的一切法权观念，资本主义生产方式的一切神秘性，这一生产方式所产生的一切自由幻觉，庸俗经济学的一切辩护遁词，都是以这个表现形式为依据的。”[②]

而上述“幻觉”表现在英国古典政治经济学的理论当中，就是关于“‘劳动’的价值”问题的一系列“不可思议的谬误和混乱”[③]。而他们之所以陷入矛盾，就在于他们认为工资是工人的“劳动”这种商品的价值。而按照其劳动创造价值的基本观点，劳动如果本身成为商品，那

---

①《资本论》第一卷，人民出版社2009年版，第618页。

②《资本论》第一卷，人民出版社2009年版，第619页。

③《马克思恩格斯文集》第一卷，人民出版社2009年版，第702页。

么劳动的价值就是由劳动自身来决定的，很显然这只不过是自相矛盾的同义反复而已。虽然古典政治经济学试图通过构造“劳动的生产费用”概念、把工资与劳动时间挂钩等逻辑来自圆其说，但由于其出发点是错误的，所以其最终还是无法摆脱上述矛盾。这正如恩格斯所指出的那样：“古典经济学走入了绝境”，“从这种绝境中找到出路的那个人就是卡尔·马克思”[①]。

而马克思的贡献就在于，他将工资问题的出发点从“劳动”价值转换为“劳动力”价值。这意味着，在马克思看来，劳动本身是无法成为商品的，能够作为商品进行交换的只能是工人的劳动力，而劳动力作为一种特殊商品，其独特性在于它可以创造比自身价值更多的价值，而超出工人自身劳动力价值的这部分被资本家无偿占有的价值就是剩余价值。由此可见，“劳动力的价值或价格转化为工资”的问题对于揭示资本主义剥削的秘密具有非常重要的理论意义。因此，按照“劳动力的价值或价格转化为工资”的基本原理，马克思在《关于自由贸易问题的演说》中之所以会出现相关概念的误用情况，应该还是由于其在理论并未完善的情况下尚未找到合适的概念来概括他已经发现的事物本质的缘故。而从邹译本对相关术语的翻译来看，其仅在“工人以自己的劳动同资本进行交换”这一处将“劳动”译为“劳力”，并且没有做任何注释和说明，而对照其翻译底本日译本，此处的翻译也是“劳动”[②]而非“劳力”，由此可以推断邹译本在该处的译法应该并非是基于上述原理而对原文中术语的纠正，而只是译者本人的误译而已。

---

① 《马克思恩格斯文集》第一卷，人民出版社2009年版，第706页。

② ［德］马克思：《自由贸易问题》，户张宏译，弘文堂书房1928年版，第60页。

三、译文校释

一般说来，校释包括校标点、行款、分段、文字错误、内容差异、错字、脱字、脱词、脱漏、遗漏、删节，这里仅校释译本的正文部分。

1. 邹译本中存在脱文和增文的情况

对照现行译本和杜竹君译本，脱文的情况主要包括：

第5页第二自然段段首漏译了“可是”一词；第13页第二自然段的“他在他的有名的（政治经济学）[①]著作中说”这句话中漏译“政治经济学”一词；第22页第三自然段的“虽以美丽和质地坚牢闻名于世界的达加（麦斯林）棉纱”中漏译“麦斯林”一词；第23页第一自然段在“只要这里所引用的事实正确”之后，漏译“所以他的演说就更为出色”这句话；第27页第三自然段的“如果你们把至今还能妨害资本发展的若干国民的障壁（排除）时”中漏译“排除”一词；第28页第二自然段段首漏译“可以设想”[②]一语；第30页第三自然段的“自由贸易（信徒）仅把各生产部门的二三特产物，以之与产业最发达的国家所便宜生产的日用相抵偿”中漏译“信徒”一词；第32页第二自然段段首漏译“但总的说来，保护关税制度在现今是保守的”[③]一语。

---

① 本书将脱文、增文和错排错印的文字加注括号安置在引文中相应位置以便于读者查看和理解。——本书作者注

②《马克思恩格斯文集》第一卷，人民出版社2009年版，第757页。

③《马克思恩格斯文集》第一卷，人民出版社2009年版．第759页。

邹译本中增文的情况主要包括：

第4页第二自然段的“这是当时你们所告诉我们的话”之后，增加了“一点也没变更”一语；第7页第一自然段的“不要害怕谷物条例的废止”之后，增加了“为什么呢?”一语；第7页第二自然段的“即或谷物的价格低落下去，这是不能妨害你们的”之后增加了“为什么呢?”一语；第16页第三自然段的“如果劳动者总是相信经济学家的话，就会感觉到（一）佛郎融解在他的口袋里”中多了“一”字；第19页第二自然段的“由资本的增加而增大的劳动者之间的竞争，（在一产业部门内的）更为激烈”中多了“在一产业部门内的”一语；第23页第一自然段的“只要这里所引用的事实正确，那么，（最值得我们注意的），单只是遮蔽事实的口吻”中多了“最值得我们注意的”一语；第28页第一自然段的“事实恰好相反，（资本使用于更有利的结果），使资本家与劳动者两阶级的对立显示得更为明瞭”中多加了“资本使用于更有利的结果”一语；第32页第二自然段的“它是破坏（守旧的）国民性并且极端的推进资产阶级与无产阶级之间的对抗”中多加了“守旧的”一语。

2. 邹译本中存在错排错印的情况

对照现行译本和杜竹君译本，由于错排错印导致的脱字情况主要包括：

第2页第六自然段的“这种租税由你们缴给大地主即中世（纪）的贵族”中少了“纪”字；第8页第五自然段的“所以它的价格必然的会（由）费用过巨的这块土地的生产物的价格所支配”中少了“由”字；第11页第三自然段的“这些制造业者正同那些要使劳动（者）相信他们

是在专为改善劳动者的境遇不惜化费巨资的慈善家一样”中少了“者”字；第19页第三自然段的“一八二九年曼却斯特的三十六（个）工场的纺织工人为一千零八十八人”中少了“个”字；第25页第四自然段的“也不要（以）为劳动者常是得到他的最低限度的工资”中少了“以”字；第29页第三自然段的“自由贸易能（使）各国调和其自然利益生产”中少了“使”字。

由于错排错印导致的错字情况主要包括：

第9页第四自然段的“否则就是手工业者因为谷物条例废止的直接的结果而使他的工资普遍的抵落”中的“抵”字，应为“低”字；第10页第四自然段的“劳动者怎样会了解制造业者的那种专心于排除十时间法案——把工场劳动时从十二时间缩短到十时间当作目的的——除人意料之外的慈善心呢”中的第二个“除”字，应为“出”字；第11页第一自然段的“那些不善助长触罚的件数的工头，就马上被他们辞掉”中的“触”字，应为“处”字；第12页第一自然段的“他们化费巨资来建筑宫殿，这儿，同盟设立他们职员的官金”中的“金”字，应为“舍”字；第20页第二自然段的“一八三五年”错排为“一八三三年”；第24页第二自然段的“波林格博士所给与频死的劳动者安慰的话”中的“频”字，应为“濒”字。

3. 邹译本中加“译者注”的情况

“译者注”主要分为说明性注释与解释性注释。邹译本中的“译者注”主要为说明性注释，一共有3处：

在邹译本的正文第11页上，译者加注了一条脚注“（1）nominal

Wages 译者”，但在这一页的正文上没有找到相应的脚注标号，这有可能是由于错排的缘故被遗漏了，从脚注的内容来推断，该脚注应是对第11页第二自然段中的“名义上的工资”所做的说明，因为nominal wages翻译为中文即“名义工资”。

在第13页第二自然段，译者为李嘉图的著作名标注了英文原文“Principles of Political Economy and Jasation——译者”，不知是排印还是译者本身的错误，Taxation一词在邹译本中被拼写为Jasation。

在第19页第三自然段的“但到八四一年时，仅不过四百四十八人了”这一处译文中加了一个脚注“误否”，但脚注中并未标明“译者注”一语，但对照权威译本和杜竹君译本，这个脚注也并不属于原著，此处也并非翻译有误，不知由于何缘故译者会加此脚注。

邹译本中还有一处译者注是解释性注释，在第31页第四自然段的“视立宪政体若仇敌的人，未必因此就视旧政府（法国革命以前的专制政——译者）若友朋”这条注释，也许是因为排印错误，出现了脱字“府”字。

4. 邹译本中的误译情况

邹译本中也存在着一些误译的情况。

> 试看自由贸易论者是怎样向着民众表白他们鼓舞劳动者的善良的意图吧！（第2页）

此处为马克思对自由贸易派伪善言论的一句讽刺话语，它也同时作为承上启下的语句引出自由贸易派的观点主张。但这里并非是自由贸易论者鼓舞劳动者，而是自由贸易论者被自己所谓的崇高信念所激励，所以此处属于误译。

> 如果把谷物条例废除了，的确，我们的农业就要破坏，但是，虽可使外国来购买我们工场的生产品，却不能使外国的工场倒闭呀！（第5页）

这句话是马克思模仿小商人的口吻对自由贸易派的反驳，意图说明废除谷物法不仅会使本国农业和国内贸易受损，而且也并不会因此迫使其他国家不发展本国工业而只通过进口英国产品来满足其对工业品的需求。所以此处的“使外国来购买我们工场的生产品”和“使外国的工场倒闭”应该是可以同时发生的行为，而不是邹译本所理解的前一种行为的可行性大于后一种行为的情形。

> 诸君，不要相信劳动者从前曾经需五佛郎才可买得的谷物也许因为便宜了就只要四佛郎这回事，是于劳动者过得去的事。（第13页）

原文中此处的“五佛郎”和“四佛郎”指的是工人的收入水平。马克思是想说明在工人收入下降的情况下，谷物价格即使有所下降对于工人而言也是没有太大意义的。但邹译本将其翻译为谷物的价格，因此属于误译。

> 英国的劳动者向自由贸易论者表示他们不是狂妄幻想的蠢货，不但如此，而且认为和他们（自由贸易论者即工场主）团结去反抗地主只是破坏封建制度的最后的残存物，而留着剩下唯一的敌人。（第14页）

原文此处是要表明工人不会被自由贸易派的蒙蔽和谎言所欺骗，而不是邹译本所理解的工人要向自由贸易派表示他们“不是狂妄幻想的蠢货”。

> 在运用机械来生产商品所需费用少的时候，则所谓维持机械所必要的东西——劳动，也必同样不会涨高起来。（第16页）

马克思在原文该处将劳动者比喻为一种机器，因此他说当维持普通机器的费用减少的时候，维持劳动者这种机器的费用也会减少。而邹译本在此处把劳动当作维持机械的东西，这显然是一种误读。

> 生产资本的增加惹起资本的蓄积与集中，又因资本的集中促起分工的发达和机械的运用，机械的发达就破坏劳动者特殊的技术，而以谁都能够做的劳动来代替这种特殊性，因此，就使劳动者之间的竞争愈烈。（第18页）

在原文中，使得工人的专门技能变得一文不值的是分工的扩大而非邹译本中“机械的发达”，因此此处属于误译。

> 这个时候，那些手工业几乎完全停止了，并且在一八〇〇年的时候，北美由印度输入棉布约略八十万匹。（第21—22页）

此处引用的是自由贸易派代表人物包令博士的演讲语句。这句话的上下文说的是北美等地对于印度所产的棉布的需求逐年缩减，以至于到后来完全消失，因此邹译本将其翻译为“手工业几乎完全停止了”是不正确的。

> 你们的阶级总是占大多数，所以，纵令资本家常时屠杀他们，也不要担心你们阶级的绝种，再者，如果常是把用作榨取劳动者——被榨取的材料——的资本弃置不顾，就会看出资本的多么有利的使途。（第24—25页）

这段话中的“再者”之后的语句翻译得并不十分通顺，所以无法准确表达原文想要表达的“资本正是通过保存工人这种可供其不断地剥削的材料，才能够使自己得到有效的运用”这一观点。

> 因此，工资的最低限度，即是劳动的价格。（第25页）

此处“劳动的价格”的正确翻译是“劳动的自然价格”。“自然价格”是英国古典政治经济学的一个重要概念，最早由亚当·斯密提出；

其含义是指与商品的价值相适应的价格，商品的价格会随市场供求的不平衡而围绕这个中心价格上下波动。因此邹译本将此处的“自然价格”译为“价格”显然是不准确的。

> 但是，如果雇佣劳动与资本关系一无存在，则商品与商品的交易必然在最有利的条件底下实行，但是，因而榨取阶级与被榨取阶级就会正常的存在着。（第27—28页）

按照马克思的原文和马克思政治经济学的基本原理，雇佣劳动与资本的关系是具有剥削性质的阶级关系存在的前提，而这与贸易条件是否有利并无直接关联。很显然，邹译本在此处的翻译是不符合这一逻辑关系的，属于误译。

> 你们有什么理由想藉这个自由的观念来批评自由竞争哟？这个自由自身不已经是根据自由竞争的一定状态的产物吗？（第29页）

马克思在此处主要是针对自由贸易派宣扬的自由贸易也是一种值得被追求的自由这一观点进行了批判。他指出，资本主义自由竞争就是这种自由的基础，所以用后者去肯定前者只是一种同义反复。而邹译本将此处译为“藉这个自由的观念来批评自由竞争”，这里的“批评”应该译作“肯定”才是符合原文意旨的。

结语

邹锺隐在其译著《自由贸易问题》的序言中用简明扼要的语言阐述了他翻译马克思这部经典著作的初衷，即是为了彰显马克思的政治经济学理论对于理解“今日社会”以及“未来”问题的方法论意义。为此他还专门将与这部著作存在密切联系的马克思的《工资》手稿以及苏联马克思恩格斯研究院院长、马克思恩格斯遗著文献研究专家梁赞诺夫为其所作的序言翻译成中文附在《自由贸易问题》的后面。因为在他看来，《工资》这篇遗稿“可以作为马克斯经济学的全骨子，其中关于工资，利润，竞争，恐慌，举凡一切现代资本主义社会生产组织及生产关系诸法则，及其必然的结果，莫不有精深的讨议……并且这篇遗稿又是他当时作为出席讲演的预备草案”（“译者例言”第3页）。而“有了这篇遗稿我们就可知道当时的马克斯根据历史的眼光推测今日社会一点也没有错误。我又可以根据其资本主义生产法则推测出未来的必然结果”（“译者例言”第3页）。结合邹译本中对于《工资》手稿的翻译情况来看，邹锺隐在当时对于马克思政治经济学理论的理解和把握达到了一个比较高的水平，他不仅能够准确地理解马克思理论的基本观点，而且对于如何运用基本原理分析和阐释现实问题也有比较深入的思考和研究；正因为如此，他才能够有感而发、有感而作，自觉地通过翻译和介绍经典著作来传播马克思主义的科学理论。

从邹锺隐翻译这部著作的背景来看，他本人之所以选择马克思《关于自由贸易问题的演说》作为译介的对象，一方面是为了顺应当时马克思主义在中国传播的潮流；另一方面则应是缘于他作为经济学家开展理论研究的需要。邹锺隐同时期的译作还有一篇是与何学尼合译的《价值论概要》，这部著作于1931年由上海黎明书局出版。《价值论概要》是英国经济学家威廉·司马特为了向英语学界介绍奥地利学派的价格理论而撰写的一部导引式的经济学著作。奥地利学派在19世纪末掀起的所谓逻辑—现实法则（Causal-Realist Approach）经济学运动，显然与马克思的劳动价值论属于完全不同的学术路向。由此可见，邹锺隐在这一时期对于政治经济学理论各思想流派的涉猎范围应当较为广泛，他对于马克思政治经济学理论的研究和学习也应当是在一个相对开阔和广博的视野中逐步推进并得以自觉应用的。也许正是得益于这一时期扎实的基础理论的研究训练，邹锺隐才能够在抗战时期针对我国金融、贸易等问题发表具有重要学术价值的文章和著作，并于新中国成立后在国民经济计划管理以及财政信用领域的教学和研究工作中做出突出贡献。因此，作为邹锺隐学术成果中为数不多的一部译著，《自由贸易问题》自有其独特的地位和价值，它在马克思主义中国传播史上也理应拥有一席之地。

从译文质量来看，由于邹译本翻译的底本是日译本，而日译本又译自法文原文，并附有恩格斯为该篇著作所作的序言，因而邹译本在采纳日译本译法的基础上，再参照恩格斯序言所作的阐发解读，便能够忠实再现原文的精神主旨。这一点从邹译本对基本术语和核心观点翻译的准确性上便可体现出来。比如，原文中有一段关于自由贸易所引起的生产力扩大、分工扩大、资本积累加剧、工人竞争加剧、市场供需矛盾激化直至生产过剩的经济危机的论述，其中所涉及的术语繁多，逻辑关系也较为复杂，但邹译本仍然能够很好地把握其要义，以简洁的语言对原文的意旨予以呈现；特别是在翻译“生产就越是超过消费，供给就越是力图强制需求”这句话时，邹译本将其译作“生产越发跑到消费的头里去，则供给越发强求需要了”，反而更加生动和形象，虽然带有一定的口语化色彩，但似乎更能帮助读者理解原文的含义。

综上所述，虽然由于时代条件的客观限制，邹译本难免出现这样或那样的翻译错漏，但从译文全文来看，这些错误并不会影响读者对于自由贸易和保护关税制度的本质及其历史必然性的把握和理解，译者所作的翻译仍然能够较为精准地传达原著的核心理论观点。邹锺隐的译著《自由贸易问题》对于今天我们深入理解、阐释国际贸易乃至经济全球化理论和实践的诸多重大问题仍然具有不容忽视的当代意义。

参考文献

［1］马克思恩格斯文集：第1卷［M］. 北京：人民出版社，2009.

［2］马克思恩格斯文集：第4卷［M］. 北京：人民出版社，2009.

［3］马克思恩格斯文集：第5卷［M］. 北京：人民出版社，2009.

［4］马克思恩格斯全集：第4卷［M］. 北京：人民出版社，1958.

［5］马克思恩格斯全集：第6卷［M］. 北京：人民出版社，1961.

［6］马克思恩格斯全集：第13卷［M］. 北京：人民出版社，1962.

［7］马克思恩格斯全集：第36卷［M］. 北京：人民出版社，1975.

［8］马克思恩格斯全集：第37卷［M］. 北京：人民出版社，1971.

［9］马克思恩格斯全集：第38卷［M］. 北京：人民出版社，1972.

［10］资本论：第1卷［M］. 北京：人民出版社，2009.

［11］［德］弗·梅林. 马克思传［M］. 樊集，译. 持平，校. 北京：人民出版社，1950.

［12］［英］戴维·麦克莱伦. 马克思传［M］. 王珍，译. 北京：中国人民大学出版社，2008.

［13］中共中央马克思恩格斯列宁斯大林著作编译局马恩室. 马克思恩格斯著作在中国的传播［M］. 北京：人民出版社，1983.

［14］张本英. 英帝国史：第5卷［M］. 南京：江苏人民出版社，2019.

[15] 金冲及. 二十世纪中国史纲：简本 [M]. 北京：社会科学文献出版社，2012.

[16] 王增藩. 复旦大学教授录 [M]. 上海：复旦大学出版社，1992.

[17] [德] 马克斯. 自由贸易问题 [M]. 邹锺隐，译. 上海：上海联合书店，1930.

[18] [德] 马克思. 自由贸易问题 [M]. [日] 户张宏，译. 京都：弘文堂书房，1928.

[19] 齐晓艳. 张静庐出版思想研究 [D]. 保定：河北大学，2011.

[20] 胡永钦.《马克思恩格斯全集》主要外文版本介绍 [J]. 文献，1979 (01).

原版书影印

说　明

《马克思主义经典文献传播通考》各册均附有原版书影印资料，即马克思主义经典著作中文译本。本丛书所称“译本”是指：1. 我国单行出版的马克思、恩格斯、列宁等原著，包括著作、书信选译和专题文集；2. 报纸、杂志连载马克思、恩格斯、列宁等著作的完整译文。鉴于中华人民共和国成立前，马克思主义经典著作的译本数量众多，版次与印次繁杂，本丛书所附译本均作专门说明。

本册所附《关于自由贸易问题的演说》邹锺隐译本为1930年8月上海联合书店出版的《自由贸易问题》初版。

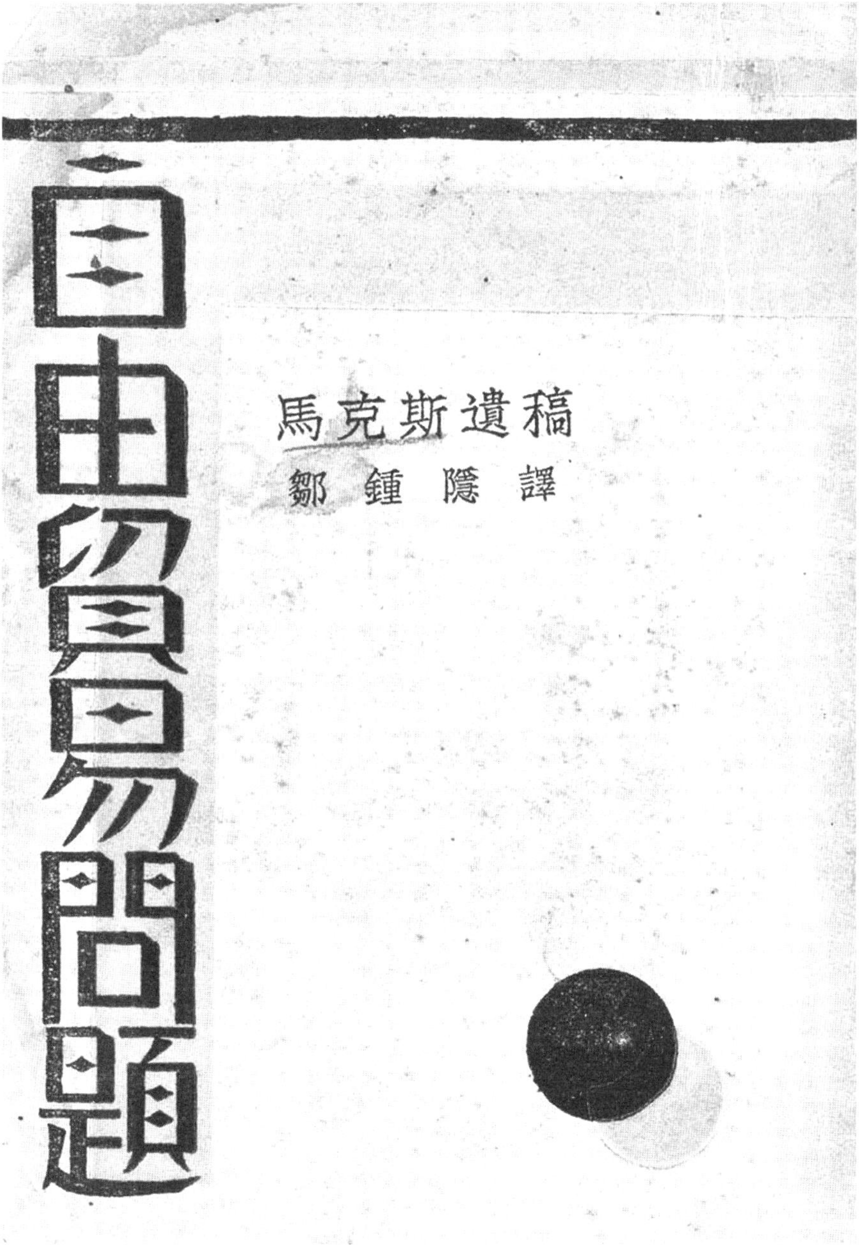
自由貿易問題
馬克斯遺稿
鄒鍾隱譯

自由貿易問題

馬克斯著

鄒鍾隱譯

日譯者例言

這本書是馬克斯於一八四八年一月七日在布魯塞 Bruxelleo 民主主義協會會議席上演講的「自由貿易問題」(Disours sur la Puestion du Lika-echange) 法文原著翻譯過來的。曾經 Sibred Bonnet 的監修當作節本收入國際社會叢圖書館的第二分冊用為馬克斯著「哲學的貧困」(Mesere de la Philosophie)(一九二三年巴黎第三版)附錄第三。從來日本翻譯這本書都是由恩格斯的德譯本重譯的。現在直接由法文原文翻譯刊行,想必值得一讀。

這裏我把恩格斯在英譯本上所寫的一篇長序一併翻譯過來。這篇序論不單說明了馬克斯關于自由貿易問題所說到的事情,並且把當時歐美資本主義各國內關於自由貿易及保護關稅的實況,根據豐富的材料加以說明。所以我們有了這篇序論就可按照具體的實例，一一去理解馬克斯的言論。

馬克斯在「經濟學批判」的序言裏，特別提出自由貿易問題及共產黨宣言，作為唯物史觀遂到一般的結論的當時，他所發表的許多著作之中的代表。從這一點看來，要研究唯物史觀完成馬克斯的思想，這本自由貿易問題也是提供重要材料的東西。

最近在日本有一部學者及實業家設立自由通商協會。不過自由或保護這個問題，目前的情形已不成為商業政策重要問題了。如果現在還成為問題　就是叫地下的馬克斯再起來說話也是枉然的。

譯者例言

十九世紀中葉的布魯塞是國際運動的大本營，在這裏當時有一個民主主義協會，馬克斯為要抓着這個協會的組織作基礎，為要糾正這個協會的旨趣起見，常時在這個協會裏講演。這篇自由貿易問題就是他在這裏講演中最值得注意的一個題目。

原來自由貿易問題是歷史進程上必然遇着的一個難題，自產業革命以後，採用關稅政策與極端的保護貿易主義之貨幣積蓄的商業資本，一變而為需要自由貿易政策新興工業資本，資本主義已進入產業資本主義之第二發展階級了。試看產業革命策源地的英吉利隨着這歷史發展之必然結果，陸續生出大產業制度及工業都市；如倫敦，利物浦，曼却斯特等大都市，在一八〇一年至一八四〇年之間，人口既已增至二三倍，生產力也得到異常的增大。於是英吉利的製成品不得不向大陸諸國謀輸出，並向大陸諸國購買工業所需的原料了。但是爲地主階級防止穀價跌落之穀物條例，必然地增高勞動階級的生活費，從而就與要求減少工資的新興企業家階級的利益不能並容。故穀物條例的廢止和自由貿易的實施必然地爲產業資本階級對地主階級，即自由貿易主義對保護主義政爭之中心問題了。

這樣一個激烈而嚴重的政爭問題，馬克斯究竟有種什麼意見呢？想在且把馬克斯在他的講演末尾一句引來看看，就可以明白了。他說：

「商業的自由制度促進了社會革命，只有站在這種革命的意義上我是贊成自由貿易的。」

至於恩格斯的一篇長序和本文的重要，日譯者已經說得很簡要而且詳盡了。

最後我把最近俄人李亞爾諾夫發見地馬克斯遺稿附在後邊。因爲這篇遺稿的內容非常豐富，可以作爲馬克斯經濟學的全骨子，其中關於工資，利潤，競爭，恐慌，舉凡一切現代資本主義社會生產組織及生產關係諸法則，及其必然的結果，莫不有精深的討議，雖是用極簡單的公式摘列出來的。並且這篇遺稿又是他當時作爲出席講演的預備草案。有了這篇遺稿我們就可知道當時的馬克斯根據歷史的眼光推測今日社會一點也沒有錯誤。我又可以根據其資本主義生產法則推測出未來的必然結果。

一九三〇年四月一日

自由貿易問題

四

「自由貿易問題」英譯序論

恩格斯

一八四七年年梢，自由貿易會議在布魯塞(Bsuselleo)開幕了。這個會議，就是當時英國製造業者所鼓勵的自由貿易運動上一個戰術的行動。自一八四六年穀物條例廢除以後，因此而在國內獲得勝利的製造業者，現在正向歐陸緊逼，就是爲的要求英國的製造品可以自由輸入大陸的大市場，而以允許歐陸穀物自由輸入英國而交換條件，馬克斯在這個自由貿易會議演講者名簿上簽了名，不幸，正中預料，尙未輪馬克斯的名上來這個會議就在辦理結束了。因此，馬克斯成了這樣的僵局，就是不得不把他在自由貿易會議席上關於自由貿易問題所要說的話，拿來在一個國際團體之布魯塞民主主義協會會議席上來說了。馬克斯乃是這個國際團體的副會長之一。

自由貿易抑保護貿易這個問題，是現在美國日常所談論的事，要想馬克斯的演說之英譯本發行出來而有用，還須我寫篇序論上去呀！

馬克斯說：「保護貿易制度是製造工場主的，是搾取獨立勞動者的，是使國民的生產手段及生活資料資本化的，而且是把由中世紀的生產樣式（1）進到近代的生產樣式的推移，強制的使之縮短的人爲手段。（2）馬克斯所說的這種制度是最初十七世紀的保護貿易制度而照舊的存續於十九世紀的，當時的保護貿易制度被歐洲西部各文明國家認爲正當的政策，只有狹小的德意志聯邦諸國和瑞士是例外，這些國家也並不是不喜歡這種制度，乃是因爲這種制度不能適用於那樣狹小的領土的緣故。

(1)馬克斯的原文爲『古代的生產樣式』

(2)卡爾馬克斯資本論 S.722.

近代產業制度——用蒸汽生產的——爲什麼獨於十八世紀的最後三十年，纔在英國孵育發展起來。就是因爲保護貿易的撫育。而且恰巧法國的革命戰爭幫助了一成，好像僅只保護貿易是力量還不充足一樣，使英國確立了新生產方法的獨占。英國的軍艦，在二十年之間，把英國產業上的競爭者，從他們各自的殖民地市場禁絕着，同時，爲英國的商業而強制的使這些殖民地開放，南美的殖民地一個一個脫離了他們歐洲母國的支配，所有爲英國所吞併之法國及荷蘭的富庶殖民地，以及行將歸服的印度，這些廣大領土上的住民，都作了英國製品的顧客。於是，英國在國內實施了保護貿易，更在海外強制所有的顧客自由貿易，而且英國在戰爭終了的一八一五年，承受這兩種制度適當調和的福音，竟掌握了一切產業部門的世界貿易之實質上的獨占。

這種獨占，在此後相繼的數年間，更爲擴大而強有力了，英國在戰爭中所佔的地位，一年一年離出發點遠了，就是牠所占的地位與一切競爭者所占的地位愈隔遠了。這種地位是什麼？就是製造品的輸出分量，須得不斷的增加，成了英國的生死關頭的問題，並且認爲妨害這種輸出的，只有兩件事，就是別國禁止或保護政策的立法。和對輸入英國的原料品及食料品的課稅。

因此，古典派的經濟學者——卽法國的瓦格勃 F Wogcer 及其後繼者英人亞丹斯密 Adam Smith ——的自由貿易論在當時博得大名。

雖使國內的保護貿易制度，能夠打倒一切的外國競爭者，並使賴以生存的輸出擴大，也為製造業者所不取。享受國內保護制度的利益的人，只有食料品及其他原料品的生產者，——那是說在英國當時的狀態之下，將領地租的土地貴族，——等農業關係者。這種保護制度對於製造業者是有害的。因為征收原料品的關稅，使他們所製造的物品的價格抬高起來，因為征收食料品的關稅，使勞動的價格抬高起來，以這兩種保護關稅的方法去和外國的競爭的抗衡，就使英國的製造業者陷於不利了。並且因為其他各國輸送到英國的以農產物為主，而由英國輸出的是以製造品為主，所以情願廢除英國對於穀物及一般原料品的保護關稅，同時，對於其他各國，要求廢除，至少也須減輕征收英國製成品的輸入稅，以作代價。

英國的產業資本家，事實已經是國民指導階級，在當時他們階級的利益，是以國民的利益爲依歸的。但經此長期的論戰之後，英國的產業資本家，畢竟占了勝利，土地貴族不得不降伏了，穀物及其他原料品的關稅廢除了。自由貿易成了當時的口號。至於使其他各國站在自由貿易的福音，使英國變成偉大的工業中心，把其他各國當作牠的農業從屬區域，這些事是英國的製造業者及替他們辯護的經濟學家所担任的第二步工作。這個時候，正是布魯塞爾會議並馬克斯準備這個演說的時候。馬克斯一面承認保護貿易在一定的情形，譬如一八四七年的德國，是於手工業資本家有利的，一面他又證明自由貿易不僅是使勞動忍受一切痛苦的萬能藥，並且能使勞動者的痛苦加重。最後，他是站在原則上贊成自由貿易的。他認爲自由貿易是近代資本家生產的常態，只要在自由貿易之下，就能使蒸氣，電氣，機械等類的莫大的生產力充分的發展。但是這種發展的進程愈是急速，則其不可避免的結果，就會越發充分越發早早的實現。社會就分裂爲兩個階級，即這邊是資本家階級，那邊就是工銀勞動者階級。一個階級是世襲的富裕，另一個階級是世襲的貧困。供給超過需要，市場不能容納不斷增加的工業生產物。繁營，供給過剩，危機，恐慌，慢性的沉滯及產業的漸次恢復，——不是永久改善的徵候，而是更新發起的生產過剩與危機的先兆——不斷的返覆循環。簡而言之，因爲生產力加速的發展，所以發生了一種反抗社會制度的作用，正和在一個難耐的桎梏之下，要發生作用一樣，這種反抗之唯一的解决方策，就是社會革命。即是把社會的生產力從時代腐化的社會秩序的桎梏之下，並且把眞正的生產者，即大多數的勞動者從工銀奴隸制下，解放出來。而且自由貿易是爲不可避免的社會革命，這個歷史上自然的趨勢，創出許多條件之經濟的媒介物。這是馬克斯之所以贊成自由貿易的唯一原因。

雖然如此，英國在獲得了自由貿易的勝利相繼數年之間，根據牠的事實，可以看出所謂繁營的市况之紊亂秩序的期待。英國的商業，以其分外多的金額，在世界市場上獲得產業的獨占，愈看愈覺得強固了。新的鍊鋼廠和新的織物工場蓬蓬勃勃的開設起來了。新的產業部門在一方面成立起來了。於是一八五七年深刻的危機到來了。畢竟仍爲自由貿易戰勝了，貿易及製造業的前進，不久再又活躍起來了。但是，一八六六猛烈的恐慌發生了。這個恐慌，正是劃分世界經濟市場的一個新出發點的東西。

英國的工業和商業在一八四八年至一八六六年之間之所以不能併行發展的，無疑的，最大的起因就是撤廢了食料品及原料品之保護關稅。但這不是原因的全部，促成牠的，還有其他許多重大的變動。在上述的年代裏，世界的流通媒介物的確增加不少了。

金鑛的發見，並且開採了。到了這個時候，可謂蒸汽運用在其他一切運輸機關的最後勝利。現在海上運輸則以汽船代替帆船，一切文明國家的陸上運輸，鐵佔了第一位，碎石敷的大道占了第二位，並且比從前加速了四倍，運費又低廉了四倍。在這樣有利的情形之下，運用蒸汽的英國工業，以犧牲其他各國靠筋肉勞動的家內工業，而發展自己的支配手腕，這是毫不足怪的事。但是其他各國能夠儘管這種變動是怎樣，他們仍是貶黜在世界市場的英國之下，作牠的農業從屬國家，而謙讓的服從嗎？

其他各國一定不肯讓牠這樣下去的，法國約在英二百年之間，把牠的工業藏匿在禁止和保護的堅密的壁壘背後，掌握了英國所不與爭的奢侈品及玩飾品的銷權。瑞士則完全的自由貿易之下，占有英國不及競爭的比較重要的工業，德國則以比歐陸任何大國的關稅更為優越的自由的關稅，用英國尚為不及的速度，使牠的工業發展。而且向來專靠自己的資源的美國，在一八六一年南北戰爭時，也不得不找出適應製造品的急切需要之方法了。於是，美國就是創設自由的工業於國內，戰爭所需要的，隨着戰爭消滅了。但是新起的工業存續了，而且不得不和英國的競爭應戰了。而且雖是在這樣的南北戰爭後，不過四十年之久，這塊地方的三千五百萬人民增加了一倍，可是因爲具有莫大的資源，更加鄰邦國家都是以農業爲主的，所以這些人民的主要消費物品，是不仰給外國的工業的。然而，無論平時戰時，那種不可避免的明白的命運，終竟是要到臨的，這種見解，是美國所熟識的。因此，美國爲保護貿易論者了。

已經是十五年以前的事情吧！我和哥拉斯哥的一個商人，他是對於鐵商頗有閱歷的人，一道乘車旅行。他一面談着美國的事情，一面問我古代的自由貿易。他說：「假使有個不同美國人那樣罪過的商人，把在英國稀少的物品，以同普通物品一樣低廉價格賣出，豈不覺得是對於土著的製造業者繳納貢物嗎？」其次，他又把美國人是怎樣爲少數的貪婪的製造業者之致富，而承肩多額的負担的事，舉出例子來告訴我。我答他說：我覺得這個問題，尚有另外的一種觀察法。照先生所知道的，美國具有的資源與便益，如就石炭，水力，鐵及其他鑛炭，低廉的食料品，本國產的棉花及其他的原料品上說，是歐洲各國所不能比肩的。如果這些資源開採，就不能使成爲工業國，而且在今日的時代，無論怎樣大的國民，不靠本國的工業是不能生存的，何況美國那樣龐大的國民，單靠農業生存，當然是不行的，並且必定使美國宣告永久野蠻和劣等狀態的。這怕也在先生的洞鑑之中吧！因此，如果美國要想成爲工業國，如果美國不止繼承他們的競爭者的地位，並要超越這種地位以上去抓着特別的機會時，那麼，有兩條道路可以通行，卽是，設使五十年間在自由貿易之下，趕快繼續的進行，那種曾經在百年前左右對抗過英國製造業者的高價爭戰，否則，藉保護關稅，設使在二十五年間，——剛剛經過了這二十五年之後，就會使牠渡海而來，推入世界市場，這是絕對可信的——和英國締交共計，這兩條路，任取一條。至於這兩條路，究竟那一條路最爲妥當而且便益呢？這還是個問題。如果先生想由哥拉斯哥到倫敦，雖然先生可以乘坐每哩一辨士車費的，每小時走十二哩速度的車子，但是，先生的時間要緊咧！恐怕要乘每哩二辨士車費，每小時走四十哩速度的車子，不會乘坐那個慢的車子了。因此，美國人情願付快車的價錢，用快車的速度前進。這個蘇格蘭的自由貿易論者，一語不答。

保護貿易是個製造工場主的人爲手段，所以，不但有利於尚未完全發達而與封建制度鬪爭的資產階級，並且，像美國那樣完全不會知道封建制度的，而已進入由農業變爲工業的必然行程底國家內，漸漸抬頭的資本家階級，也要沾受牠的助力，美國既是占有這種地位，決計是贊成保護貿易的，美國爲實行這個決心，我和同伴的旅客所談的二十五年，想必是要經過的，如果我的話不錯，那麽，保護貿易爲美國完成這種工作是當然的，現在卻漸成爲有害的東西咧！

我有時會持着這樣一個意見，在兩年前左右，我和美國的保護貿易論者談話說：「設使美國闖入了保護貿易，我相信十年之內會在世界市場上打倒英國。」

保護貿易至多是個未完成的推進機，所以諸君決不知道牠什麽時候會消滅，諸君因爲保護一種產業，就直接的間接的妨害了其他一切的產業，因而這些被害的產業不得不加保護了。但若保護這些被害的產業，則最初被保護的產業又受害了。因此，又不得不加以保護，但若這樣一做，又是與從前一樣，及於其一切產業的反動，這樣，又不得不予以救濟，事實是如此循環不已的。美國在這一點上，就保護貿易斷絕重要產業命脈底最上方法，提供我們一個可驚的實例。一八五六年，合衆國的海上輸入總額為六億四千一百六十萬四千八百五十元美金以上，這個總額中，百分之七五·二是用美國船舶運輸的。僅只百分之二四·八是用外國船舶運輸的。當時英國的海洋汽船就快要蠶食美國的帆船了。在一八六〇年，海上貿易的總額為七億六千二百二十八萬八千五百五十元美金，其中用美國船舶運輸的還有百分之六六·五。自南北戰爭開始了，並美國的造船業加了保護，這種方策所得的最大效果，只是把美國的旗幟幾乎完全從太平洋驅逐出來了。一八八七年，(註)合衆國的海上貿易總額為十四億零八百五十萬二千九百七十九元美金，但是在這個總額中，僅只百分之一三·八是用美國船舶運送的，百分之八六·二是用外國船運輸的。用美國船所運輸的貨物，在一八五六年爲四億八千二百二十六萬八千二百七十五元美金以上，一八六〇年則爲五億零七百二十七萬六千七百四十六元美金以下了。四十年以前，美國旗幟爲英國旗幟最危險的競爭者，但到現在，英國旗幟駕凌太平洋，美國旗幟行將絕跡了。所加造船業的保護，就是殺退海運和造船業的利器。

『日譯者註』『美國原來是靠英國旗大規模生產出來的廉價造船材料的輸入以營造船業的，但是，這種造船業加以保護就英國的造船材料，征收輸入關稅了，這樣一來英國的材料就不輸入了，其結果使美國的造船業不得不使用國內高價的材料，因此，對外競爭上既要失敗，國內造船業亦不能支持，這就是殺退美國海運原因。』

再就另外一點說：生產方法的改善，在今日是非常急速的變壞，又使全產業部門完全突變，所以，昨日的保護貿易還是均衡着的，今日却已不同了。

試看一八八七年美國財政部祕書處年報所舉的一個實例吧！

「用來梳羊毛的機械近年改善了，而在商業上可以看出毛線織物的性質一一都變更了。後者是用來縫衣服的，大都要以毛織物代替了。這種變化，加了這種(毛綫製)貨物的國內製造業者一個重大的損失。因爲，雖說他們必須使用的羊毛所課的關稅，與用作製造毛織物的羊毛課關稅是同一的，但是，後者所課的關稅率，在牠的估價每磅未超過八十分的時候，每磅課三十分，相應於其價格之百分之三十五。反之，毛線織物所課的關稅，在其每磅估價未超過八十分的時候，是往來於每磅十分至二十四分之間，相應於其價格之百分之三十五。由這種情形，使用於製造毛線織物的羊毛所課的關稅，有時超過其製成品所課的關稅。」這樣一來，昨日的保護貿易是爲保護國內產業的，今日却已變成了外國輸入商的護身符。尤其是財政部報告這樣說：「由這一點看來，要是關稅再不修正，我們有充分的理由相信毛綫織物工業不久就要絕跡了。」（同書十九頁）然而要修改關稅，你們必須開始有紀律的運動，使上下兩院以至國內的輿論同意於你們的見解。不過問題就在能否這樣做去的一點上。

但是保護貿易有個最壞的地方，就是如果把牠一旦確立，後來再想廢除牠就不容易了。安排公正的關稅固然難，但是要恢復到自由貿易則更難。要英國幾年之內完成這種變化的許多事業，恐怕是再也沒有的事。況且英國還是一八二三才才開始鬬爭，一八四二比爾關稅(Peele Tariff)纔是胡克孫(Hukison 倡關稅改革的政治家)的成功。而穀物條例的廢止更為後數年的事，其次，對於絹織物工業(尚為恐嚇國外競爭者的唯一東西)的保護，延長了幾年，到保護關稅廢除以後，又用另外一種極其卑劣的方法加以保護，即是，雖然絹織物工業以外的織物工業，實施了制限婦女與兒童的勞動時間的工場法，但是絹織物工業，對於一般的規定，准予不少的例外，比其他的織物業更能使用未成年的兒童從事長時間的勞動，僞善的自由貿易論者，他們犧牲英國的兒童健康，新創一種不與外國相結托的獨占。

然而無論那個國家，要使牠的工業的全部門，在公開的市場上等待不顧外國競爭的時期到來，而由保護貿易向着自由貿易移轉，還是一件不可能的事。這種變化的必要，會在期待的幸運狀態尚未得到以前就發生的。這種變化又會隨着時代的不同，產業的互異而發生。而且因爲各種產業互不相容的利害關係，會引起是否有利的爭論和議會通過運動的陰謀或議會的結黨。機械家技師及造船業者，因爲給製鐵業以保護，使他們的物品價格非常抬高，然而僅只爲了這個緣故，也許他們就會注意到他們的輸出貿易要被阻害的事例！棉織物製造業者因爲對紡績業加以保護，他們就必須支付高價購買棉線，否則，也許可以找出一種方法來將英國製棉布驅逐出中國及印度的市場以外啊！當國民產業的某部門，完全征服了國內市場時，在這個時候，輸出是不可缺少的東西，在資本家的社會生產內，產業是會擴張呢？抑是會縮退呢？產業是不許停滯的，擴張一停止就是崩壞的初期，機械及化學的發明之進步，不斷的替取人類勞動，並且因為資本不斷的激急的增加和集中，在沉滯的各種產業上造成勞動者和資本的供給過剩，即是，因為在其他一切的產業部門所生同一的過程中，到處都是無標準的推銷供給過剩。至於國內交易向着輸出貿易的推移，遂成為有關係的諸產業之生死問題了。但是這些產業還是以為用保護貿易去和別的產業的既得權對抗，比用自由貿易妥當些而且有利得多。因此，惹起自由貿易論者與保護貿易論者之間的長期普遍而強頑的論戰。在這個戰爭裏任何方面的指揮者，都是不久就由直接有關係的各個人之手，移到職業的政治家之手，這些治家政不是來解決問題的，他們是專利用照舊未解決的既成政黨黨徒。而且損失了時間，精力及貨幣的結果，只得着有時一方有利，有時另一方有利底返覆妥協而已。而且，除非嚴格的——尤其是在那個時候的保護貿易，如果他們的國民不剛復的時候就可更換，雖同現在美國的情形差不多——向自由貿易的方向推移。

然而保護貿易有一種最壞的地方，這是在德國看得出的。德國也是在一八一五年以後纔感覺得要使牠的製造業更為迅速的發展了。但是第一個條件，就要廢除德意志諸小聯邦所制定的關稅網並許多雜稅的立法而創設國內的市場，換一句話說：即構成德國關稅同盟，這就是說：與其保護國內的生產，不如把自由貿易作為增加一般歲入的基礎，纔能實現。別的條件是不能勸誘諸小聯邦加入同盟的。德國的新關稅於是在若干產業上加了保護，但當這個新關稅實施之初，就是自由貿易立法的一個典型，雖然一八三〇年以來無時不有德國的大多數製造業者轟轟烈烈的要求保護貿易，但是新關稅仍不失其爲典型。然而在這種極端自由的關稅之下，不但依靠手工業的德國家內工業，被迫用蒸汽的英國工場摧殘無餘，並且由筋肉勞動到機械勞動的推移和變遷，在德國也漸次進行了，以至現在幾乎完全成功了。德國之由農業國向工業國的轉移，也在同一步調進行。而且一八六六年以後，正湊巧，強有力的中央政府之設立，保障產業規制法及通貨，重量，尺度統一之聯邦立法機關，及最後，法國賠償金數十萬佛郎的流入，等等政治事件爲之助力。於是，一八七四年德國在世界市場上的貿易，要占英國的第二位。(註)而且德國在製造工業上及交通機關上使用的蒸汽力，比歐洲的任何國家爲多。以至今日，如果還是強國，縱令英國的產業怎樣占着優越的魁首，也還能在公開的市場上與英國作有定向的競爭，這個辯明定可成立。

〔註〕一八七四年一般輸出入貿易在數百萬元美金以上的國家如下表：

大英帝國	三三〇〇	（單位百萬元美金）
德國	二三二五	
法國	一六六五	
合衆國	一二四五	

當其時，戰綫裏突然起來變化，我們以爲由由貿易現在在德國更爲必要時，德國忽然變成保護貿易論者。這種變化自然是糊糊塗塗無從說起。當德國爲農業輸出國的時候，全農業關係者是不亞於全海運關係者之熱心自由貿易論者，一八七四年德國雖是有所輸出，但大夥穀物是仰賴外國的。恰恰在這個時候，美國的穀物開始向歐洲澎澎湃湃的輸送，凡屬這種供給所及的地方，就減

少了靠土地所生的貨幣即地租，在這一瞬間，全歐洲的農業關係者就開始要求保護貿易了。德國的製造業者無時不發汎濫的輸入過剩的痛苦，這是由於法國賠償金數十億佛郎流入的結果。一方英國因其貿易自一八六六年的危機以後，呈現慢性的不振狀態。故以國內賣不出的貨物及海外不能賣高價的物品，盡量的充滯到能夠接近的一切市場裏去。此後德國的製造業者首先纔覺得不要靠輸出，保護貿易是保障自已國內市場的排他供給之一手段。政府則完全在土地貴族及大地主之手，所以專爲地主和製造業者而設保護關稅，而不顧地租收受者的利益的，至一八七八年極端保護的關稅，是爲農業物品和製造品雙方制定的。

其結果，以至近來德國製造品的輸出，竟以國內消費者作有直接犧牲。這樣一來，到處形成了「聯合」或「合同」以規制輸出貿易及生存自身。德國的製鐵業大部分爲少數大股份公司所掌握，而這些公司能生產德國平均消費所需分量之四倍的鐵出來。爲避免不必要的彼此間之競爭起見，這些公司組成一個合同，作爲交換契約，並且規定在某種情形之下，應由某公司作事實上的供給。但這種「合同」數年前英國的製鐵業者也曾協定過的，可是現在已經沒有了。同樣

諸炭礦山（每年約產三千萬噸）因爲生產契約和供給物及價格之規定，也形成一個合同。而且德國的製造業者都是異口同聲的說，只有保護關稅能使我們把自己不低價賣給外國的損失，在國內收回來。不但如此，這種對於製造業者極不合理的保護制度，不會使他們隨着給與產業資本家的賄賂，以支持地主剝奪他們更爲暴虐的獨占。不但年年增加農產物的輸入稅，並且，尚在地主計劃中的某地方經營的產業，積極的由國庫加以補助。不但是對於甜菜糖製造業加

以保護，並且以輸出獎勵金的名義給他們以莫大的金額。照識者的意見說起來，卽令這種製造業者把所輸出的糖完全投入海底，也能領受政府的獎勵金。同樣馬鈴薯製酒精釀造業，由於最近法令的結果，也得每年由公衆的懷裏拿出約值九百萬元的贈品給他們。而且德國的東北部所有的地主不是作甜菜糖製造者，就是作馬鈴薯製酒精釀造業者，無怪乎這個時候國內的生產物有如洪水逆流一一般。

這種政策無論在什麼情況之下總是不行的。但是，爲使勞動低廉而在中立的市場上維持牠的地位之以工業爲主的國家是例外。德國的工資，因爲人口(不備僑民急速增加)的過剩，所以雖在繁榮期間，飢餓的程度仍是有增無已。但如保護貿易能使一切物價騰貴起來，工資亦必隨之漲高。德國的製造業者在這種情形之下，就如現代的合理化一一樣的極力宿知勞動者的工資，用以塡補物品價格低廉的損失，這種事情早就被驅逐市場以外了，現在更不可能的。保護貿易在德國慢慢成爲斷絕生產金印的鵝鳥之命脈的東西。

法國也是吃過保護貿易制度的苦頭的。因爲這種制度在法國經過兩世紀的長期間沒有危害什麽，所以幾乎成爲國民生活的要素了。現在却變成有害的東西了。製造方法之不斷變化乃是日常的事情。因之塞了保護貿易的道路，現在的絹織物如天鵝絨是用精製過的棉絲製成的。因之法國的製造業者對於棉絲要支付保護關稅，還要充分的對付牠的價格的成本和政府抽收的輸出稅等款項，也不得不服從這種無理由的欺騙手段。因此天鵝絨製造業者就改業了。照以前所述的，法國的輸出是以奢侈品爲主的，這些物品爲法國人自己用作玩飾品的仍爲外國所不及。然而我以爲全世界上，這種物品的主要消費者還是近代暴富的人們。他們這些暴富者，既沒受教育，又不知什麽是藝術，故於德國的手工製品較英國的機工製品爲合格，並且往往把這些物品當作眞正的法國產物，用分低廉的價格買去。因爲除法國以外都不能製造的特殊品的中心市場狹小起來，所以法國底加工製品的輸出，不過忍痛耐苦而已，不久一定衰退。法國以什麼物品代替這種行將滅亡的奢侈品的輸出呢？如果選擇得出某種能夠代替的貨物，那唯有使法國的製造業者，叫他們離開住慣底的溫室空氣再到與外國競爭者相競爭的場所去醉心於自由貿易之一法。事實上法國的一般貿易若果因爲一八六〇年的哥布頓條約(Cobdon Trety)向自由貿易的方向趑趄不前，馬上就會畏縮下來。然法國的一般貿易困憊已極，故尚須一服比較強烈的強壯劑之必要。

至於俄國幾乎無效果可言，俄國的保護關稅——蓋因俄國的保護關稅之收入，不得不接收人家用俄國賤價的紙幣以代現金繳納——因爲要納貢給缺乏貿易上必需的現金之資之政府，所以不見有什麼效益。但當這種保護關稅把外國貨物完全驅走了以完成其關稅的使命之日，正為俄羅斯政府破產之時。除非當時的政府從這種關稅能使俄國無須仰給於外國的食料品，原料品，精製物品和工藝品而完成自足自給的國家，把這種希望擺在人民的眼前，纔能使人民樂於保護貿易信仰逃出這個世界以外而孤立的俄羅斯的幻影的人類，正和所謂爬進第一號店鋪裏，不知有地球儀天體儀普魯士土地的普魯士愛國中懸同出一轍。

現在再回轉來談美國，保護貿易為合衆國作了不少的事，但若廢除的豫告下得愈早，則有利於一切黨派的徵候愈多。這些徵候中之一個，是形成保護產業內部的「聯合」與「合同」以充分的利用保護產業既得獨占權。現在「聯合」與「合同」全然是亞美利加式的制度，牠們在開拓自然的資源時，一面訴着不平，一面却是一般的服從。賓夕爾法尼亞州的煤油供給其所以變形為美孚煤油公司的獨占業的，完全是切合資本家生產方法的行動。但若製糖業者想把國民所賦與的對外競爭之保護，變形為對國內消費者即對已受保護的同一國民之獨占，這完全是另外一件事。但是大製糖業者創立一個此外不足注目的「合同」。然而砂糖「合同」不是這許種類之中唯一的東西。保護貿易中這些合同之形成，使保護制度完成其目的而漸漸變更其性質，牠已經不是保護對待外國輸入商的製造業者，而是保護對待國內消費者的製造業者的，至少是在特種關係部門內，雖然不是全部，也得充分的製造工場主，這件事是證明投入工場主錢袋的現金正與德國的情形相同，視若投入溝道的現金一樣底一個最確實的證據。

美國也是同別國一樣，因為國內的議論認為自由貿易單只有利於英國，所以堅持保護貿易。但是有一個恰好相的例證，英國現在不單只農戶和地主一個一個變成保護貿易論者，就是製造者們也漸漸變成保護貿易論者了。一八八六年十一月一日曼徹斯特商業會議所——自由貿易論者曼徹斯特派的根據地——討論一個提議案，卽是「其他諸國民以英國的自由貿易作模範去試行，徒勞四十餘年毫無成績，所以本會議所認爲這種事應該再事考察的時期已經到來。」這個決議案爲二十二票與二十一票之比，否決票數之多，豈不可驚嗎！這個會議還是在占過世界市場優越地位的，現在尙有議論之餘地的，英國產業唯一部門的木棉工業的中心地咧！當其時，發明的守護神雖是在特種部門的，也都由英國跑到美國去了。木棉紡績機的最新改良品，幾乎完全從美國出發，而且除了曼徹斯特而外沒有採用過的。在一切發明品上，美國獨占魁首，另一方面，德國則瞄準着第二位席以與英國相肉搏。在英國的自己產業的獨占無望恢復，雖是競爭者漸漸發展，英國則已相對的衰退，然而英國還是切盼着曾經夢想過的「世界的工場」成功，不願陷入許多工業國中之一的地位咧！那些知道職匱於

「公平貿易」和報復關稅的假面具之下保護貿易，除了四十年前的自由貿易之外找不出救濟方法的人們的子孫，現在還有人熱心為他們祈禱的，就是這種危機的最後的掙扎。當英國的製造業者開始覺得自由貿易慢慢會使他們消滅，須要靠政府的保護以與外國競爭者相對抗時，恰恰正是應該捨棄今後無用的保護制度，以圖報復那些以英國自身的武器——自由貿易，來與行將凋敝的英國產業的獨占相搏戰的競爭者底仇恨的時機到來的時候。

但是，照前面所說過的，抓着保護貿易是很容易的，可是再想把牠取消就不容易了。雖然立法機關因採取了保護貿易制度創出莫大的事業，但是立法機關對於保護貿易是負了責任的。而且我們不知這些產業——種種產業部門——都在整精健伍準備以與公開的競爭者相對抗例！某種事業是需要保護貿易扶助的，可是有些事業已經不需保護貿易扶助了。這種地位的異同會引起向例的議會通過運動底劃策，並且牠們自身只要自由一決定了就可確證，定和一八四六年廢英國的絹織工業一樣，毫無顧及的武斷的定奪撤棄保護貿易。這是現代社會情形之下不能阻止的。而且在原則上只要這種變化——保護貿易到自由貿易的變化——一決定，就不得不屈服於自由貿易派的利用之下。

自由貿易抑保護貿易這個問題，完全是現代資本家的社會生產制度的螺動。因為這個緣故，對於我們希望廢除這種制度的社會主義者是無直接的興趣的。但是間接於我們也沒有興趣。這就是說：我們唯有希望現在的生產制度能夠自由的而且急速的發展，擴大。蓋因伴着這種發展和擴大而起的就是牠的必然的結果，並且是生產過剩的結果。這種發展和擴大一定會破壞這種制度又使經濟現象發展。卽是說這種生產過剩，同時促起恐慌過期的供給過剩．否則發生慢性的事業停滯。社會則分裂為兩大階級，一方是少數的資本家階級，一方是世襲工資奴隸的多數勞動階級即無產階級。這種無產階級的數並伴着新的節約勞動機械不斷的代替勞動而日漸增加，簡而言之，社會走到窮途，因之要免除這種危機，除了完全改造形成資本家生產制度的經濟構造之外別無他法。馬克斯在四十年以前就從這種見地作更進一步的觀測，而且因爲這個緣故，占在使資本家的社會急速的走到盡途的觀點上，占在原則上，他是贊成自由貿易的。然而如果馬克斯基於這種根據而贊成自由貿易，然則現在社會的支持者就沒有一種理由來反對自由貿易嗎？如果自由貿易是促成社會革命的，然則一切善良的人民就不作保守的思想而不贊成保護貿易嗎？今日如果某國採取了自由貿易也不一定就是社會主義者所喜歡的。因爲自由貿易成爲產業資本家的必要物，所以不爲社會主義者所歡迎。但是，把期待社會終了的欺人之談，來使社會主義者排斥自由貿易擁護保護貿易，這樣的事情是與社會主義的前途有不少傷害的。保護貿易是製造工場主的人爲手段，從而又是製造工銀勞動者的人爲手段。諸君不要偏袒一方面而不助成另一方面。工銀勞動在到處都是追隨資本家之後，他們如荷那士（Horace 拉丁詩人——譯者）的憂鬱的心緒一樣是坐在騎手的後邊，不能駕駛向着自己預定的方向走去。人們不能逃脫的命運，換一句話說，人們不能避免自己行動的結果。在使用勞動者的生產制度內，財富是伴着使用勞動者數量而增加的。但是這種制度不得不增加工銀勞動者階級，即担負他自破壞這種制度的命運的階級。未到那個時候以前，完全不要退縮，你們必須使資本家制度的發展漸漸前進，且須使資本家的財富之生產，積蓄，和集中並伴此而生的革命階級的生產急進。隨便諸君是試用保護貿易或自由貿易，結果總是一樣的。而且到了那个最後的日子，那怕諸君還是留在從前的猶豫的期中，也會生同樣的結果。因爲在那個日子未到以前，保護貿易早已成爲那些國家，想抓着世界市場的機會的國家底難堪的桎梏了。

自由貿易問題

馬克斯

一八四八年一月七日在布魯塞民主主義協會會議席上關於自由貿易問題的演講。

諸君：

英國穀物條例的廢止是十九世紀自由貿易所獲得的最大勝利。無論那個國家的製造業者們所提倡的自由貿易，多半是注重穀物及一般的原料之自由貿易的。『征收外國穀物以保護關稅，是一件不名譽的事，是一件不顧民衆飢餓的事。』

低廉的食物，高昂的工資，(Cheap food, high wages.)僅只爲了這件事，英國的自由貿易論者化費數百萬金。而且他們的狂熱早已擴大到歐陸他們的同志去了。通常，致力於自由貿易論的人，是爲改善勞動階級的狀況的緣故。

但是，說也奇怪！隨便你怎樣爲民衆得到低廉的麵包而努力的工作，可是民衆絕無謝意。英國的便宜麵包是和法國的賤價的政府一樣不名譽的。在民衆的眼裏看來，那些盡忠的人們如布林格（Bowring），布萊特（Bright）之輩，是他們最大的仇敵，是完全無恥僞善之徒。

英國自由黨與民主黨之爭，就是用自由貿易論者與憲章運動者之間的戰爭爲名的，這是誰都知道的。

試看自由貿易論者是怎樣向着民衆表白他們鼓舞勞動者的善良的意圖吧！

他們向工場的勞動者所說的話是這樣：

「征收穀物的關稅，就是課的工資的稅，這種租稅由你們繳給大地主卽中世的貴族，就是你們的境遇之所以貧困，這也是由於生活必需品價格騰貴的緣故。」

再就是勞動者反向製造業者這樣問：

「最近三十年來我國的產業達到最大的發展，而我們的工資比穀物價格的騰貴是着更爲急速而遙遠的比例下落，這是什麼緣故呢？

誠如你們所說的，我們繳給地主的租稅，每個勞動者每週約需三辨士。然而手織工的工資，在一九一五年至一八四三年之間，是從每週二十八先令跌到每週五先令，機織工的工資，在一八二五年＊至一八四三年之間，是從每週二十先令減到每週八先令呢。

在這個整個期間中，如你們所說的我們繳給地主的租稅的部分從來沒有超過三辨士。次之，在一八三四年的時候，麵包非常便宜，商業是着興旺的氣象時，你們所告訴我們的是什麼呢？若說你們是不幸，這是因爲你們所發的小孩太多，而且你們的結婚數比我們的產業生產得更多咧！這是當時你們所告訴我們的話，一點也沒變更。但是你們將要造出新的救貧法，設立工作房——這個無產階級的牢獄。」

製造業者對於這段話的答案是這樣：

「不錯，勞動者諸君，決定工資的不單是穀物的價格，而勞動者之間的競爭也有決定工資的力量。

但是還有一件事要仔細思想看，即是我們的土地不過由於岩石和泥砂構成的。恐怕你們不會那樣幻想把穀物栽在花瓶裏而使之生長吧！所以，如果我們捨棄農業而專從事於商工業以那種投放在不毛之地的資本與勞力的浪費，那麼，全歐洲的工廠將要倒閉，而英國將形成一個工場的最大都市而把其餘歐洲全土作牠的農業區域。

製造業者們一面對勞動者這樣說着，一面受中小商人下面這樣的質問：

「如果把穀物條例廢除了，的確，我們的農業就要破壞，但是，雖可使外國來購買我們工場的生產品，却不能使外國的工場倒閉呀！其結果究竟怎樣呢？我們將要失去我們住在農村的顧客，而且國內的商人將要失掉他們的市場。」

製造業者背着勞動者來回答中小商人說：

「關於這一層，請你們把責任放在我們身上吧！一旦穀物關稅廢除了，我們就可以從外國輸入比較低廉的穀物，如此，我們將要減縮工資，同時，在我們去購買穀物的國家內，工資就會提高起來。

因此，我們除了既已享受的利益之外，更要享受低廉工資的利益。並且我們由於這些利益，就很容易使大陸各國來購買我們的貨物。」

現在有若干個農及農業勞勳者加入這派的議論。

「然則我們怎樣辦呢？」這些佃農及農業勞勳者說。

「我們可以支持對於我們賴以生存的農業所下的死刑之宣判嗎？我們可以忍耐着讓人奪取我們脚下的土地嗎？」

穀物條例廢止同盟（Anti-Corn• Law League）懸賞徵集三篇講述廢除穀物條例及予英國產業上有益的影響之論文用作一切的總辨答。

這種獎品爲霍普（Hope），莫斯（Morse），格勒格（Greg）三人所得。他們的論文傳遍在各農村的有幾千分册。

其中受獎之一人，極力的證明因外國穀物自由輸入而受損失的，既不是佃農，又不是農業勞勳者，只是地主承担罷了。

他大聲的喊着：英國的佃農們，不要害怕穀物條例的廢止！爲什麽呢？因爲沒有那一個國家能夠生產像英國那樣質良而價廉的穀物來的。

因此，即或穀物的價格低落下去，這是不能妨害你們的。爲什麽呢？因爲這種穀物價格的低落，只能影響到使地租低落，產業上的利潤和勞動者的工資是不受什麽影響的。仍是原封原樣不變的。」

第二個受獎者英斯先生主張相反，他認爲穀物條例廢止的結果，將使穀物的價格騰貴，他勞心費力的證明保護關稅不能保障不系累穀物的價格。

他爲堅持他的主張起見，舉出這樣一個實例來；就是每當外國穀物輸入的時候，英國的穀物就很顯著的騰貴起來，而每當穀物很少輸入的時候，英國穀物的價格特別跌落下去。這位先生却忘記了輸入並不是穀價高漲的原因，而穀價高漲纔是輸入的原因這一回事。

並且他與他們得獎的同伴完全相反，他肯定的說穀物價格的騰貴是於佃農和農業勞動者雙方有利的，却於地主是無利的。

第三個得獎的格勒格先生是一個大製造業者，而且他的論文是爲對抗大佃農階級寫出來的。是不和上面的蠢話相當同的。他的話是很科學的。

他認爲穀物條例之所以使地租騰高，只是因爲牠使穀物的價格騰貴了的緣故。而牠之所以能使穀物價格騰貴，又是因爲課了投放在劣等性質的土地上的資本的稅收的緣故，這確是一個極徹底的說明。

當着不能使外國穀物傍着人口增加而輸入的時候，勢必要耕種惡劣貧脊的土地。因爲這種耕作需費過鉅的結果，使在這塊土地上的生產物一定昂貴。

因爲這種穀物是在暢利的銷售，所以牠的價格必然的會費用過鉅的這塊土地的生產物的價格所支配。這種價格與在較良的土地上生產所需的費用之間的差額，就構成地租。

那麽，如果穀物條例的廢除的結果，使得穀物的價格下落了，從而地租的價格也隨之下落，這是因爲不去耕種劣等土地的結果。因此，地租的下落，就不免招致一部分佃農破產的結果。

這樣的觀察爲理解格勒格先生的話所必要的。

他說：「有不堪農業之苦的佃農會投身到製造業中去找出路。大佃農必然因此獲得厚利。蓋因地主不得不把他的土地極低廉的賣給他們，而且他們彼此之間所締結的小作契約又一定是期限很長的。這種事情將使大佃農投放大批資本于土地上，應用大規模的機械，而且因此又能節約手工業的勞動。否則就是手工業者因爲穀物條例廢止的直接的結果而使他的工資普遍的抵落。

波林格（Bowring）博士把這一切的議論都加以宗教的追認，他在公開的大會席上呼喊出來！

「耶穌基督就是自由貿易，自由貿易就是耶穌基督。」

我們知道一切這些僞善，都不是使勞動者寄到低廉麵包的東西。

再則，勞動者怎樣會了解製造業者的那種專心於排除十時間法案——把工場勞動時從十二時間縮短到十時間當作目的的——除入意料之外的慈善心呢？

諸君若要明了工場主的慈善是怎樣，請諸君注意一切工場所施行的工場規則。

無論那個國家工場主，都有供他自己使用的片面規則。在這個規則中規定着對於勞動者有意的無意的過失的處罰，譬如：勞動者不幸而坐着椅子，或是私語，閒談，說笑，或是遲到了幾分鐘，或是損壞了機械的一部分，或是沒做出他所以預料的品質的製品，等等的時候，都應該給他們多少罰金。這種罰金往往比勞動者所眞正惹起的損失還要多些。而且他們爲使勞動者易於觸犯罰規起見，或是把工場的鐘撥早些，或是拿出壞的原料要工人製出好的貨品，那些不善助長觸罰的件數的工頭，就馬上被他們辭掉。

諸君：你們看，這種片面的規則是爲造出違犯而訂立的，而這違犯又是爲儲省金錢而規定的。這樣，製造業又用種種的手段，來縮減勞動者的名義上的工資，用以榨取勞動者所管不到的意外情事。

這些製造業者正同那些要使勞動相信他們是在專爲改善勞動者的境遇不惜化費鉅資的慈善家一樣。

他們這樣的，一方面由工場規則用十分卑劣的方法來剝削工人的工資，一方面由穀物廢止同盟裏甘受最大的犧牲以抬高工資。

(1) nominel Wages 譯者

他們化費鉅資來建築宮殿，這兒，同盟設立他們職員的官金。他們派遣一隊一隊的宣教師到英國內地各隅去宣傳自由貿易的福音，他們印刷數千小冊子，無代價的分發，以啓發勞動者明白他們自己的利益。他們化費巨額的資金，似使新聞紙贊助他們的論調，他們組織偉大的行政機關，來指導自由貿易的運動。他們在公開的會議選他們雄辯的才能。有個工人在某次這樣的會議席上大胆的說出：

「若果地主出賣我們的骨頭，首先你們這些工場主就要買去，投入蒸汽機的磨盤中製成麵粉。」

英國的工人十分了解地主和資產階級之間鬥爭的意義，他們十分明白減低麵包的價格是爲減低工資的，他們也十分知道產業的利潤之增殖是比例於地租的下落。

英國自由貿易的信徒，爲現世紀（十九世紀——譯者）最優秀的經濟學家，李加圖關於這一點是和工人完全一致的。

他在他的有名的著作中（地代論 Principles of Political Economy and Taxation——譯者）說：

「假使我們發現了一處收到穀物而能以低廉的價格供給我們的新市場，在這塊地方工資必然下落，利潤必然高漲。農產物的價格低落，不但使使用在土地的耕作上的勞動者的工資低降，並且使使用在工商業上的一切勞動者的工資低降。」

諸君，不要相信勞動者從前曾經需五佛郎纔可買得的穀物也許因爲便宜了就只要四佛郎這回事，是於勞動者過得去的事。

他們的工資不總是比利潤低些嗎？又他們的社會地位不是很顯然的比資本

家的社會地位惡劣得多嗎？此外，他們在實際上還受損失咧！

穀物的價格高漲起來，工資也同樣的高漲，這個時候，如果稍爲節省些麵包的消費，就足以購買其他的享樂品了。但在麵包的價格便宜，工資馬上隨之低落的時候，那就幾乎不能節約麵包的消費來購買什麼別的東西了。

英國的勞動者向自由貿易論者表示他們不是狂妄幻想的蠢貨，不但如此，而且認爲和他們(自由貿易論者即工場主)團結去反抗地主只是破壞封建制度的最後的殘存物，而留着剩下唯一的敵人。勞動者這種預料是不錯的。爲什麼呢？因爲田主爲他們自己以圖報復製造業者的仇，就與勞動者提攜以促成十時間勞動法案的通過。這個十時間法案，就是勞動者在過去三十年間所要求未遂而於報物條例廢止之後就馬上通過了的。

波林格博士在經濟學家會議席上從他口袋裏取出一張長表用以告訴英國輸

入的牛肉，火腿，猪油，鷄肉等等而爲勞動者所消費的——由他判斷的——約數。他卻不幸而忘記了同時在曼卻斯特（————）及其他工場都市的勞動者由於恐慌的勃發而倒臥道旁的那回事。

就經濟學上當作原則的，決不容僅僅收集一年的數字就用以確立一般的法則的。通常必須要把六年乃至七年——近代產業所經過的繁榮，生產過剩，沉滯，恐慌的種種現象的不可避免的週期循環的期間——平均起來看的。

毫無疑義的，如果一切商品的價格下落——這是自由貿易的必然結果——我們就可以一佛郎賺得比以前較多的物品，而且勞動者的貨幣價格是和別人的貨幣價格沒有不同的呢！所以，自由貿易是於勞動者很有利的。然而這裏稍爲有點不便宜，即是勞動者在未把他們的貨幣去與其他的商品相交換時以前，先就要把他們的勞力去和資本相交換這件事。如果在這個交換之中，勞動者照常以同一勞動收回同一金額，而其他一切商品的價格都跌落下去的時候，那麼，他們就在這個市場有所利得。但是，問題不在證明所有商品的價格都跌落時我們能以同一金額購得較多的商品這一點上。

經濟學家常常把勞動價格之在勞動與其的商品相交換時列為問題，至於勞動與資本相交換時的勞動價格，則完全付於等閒。

在運用機械來生產商品所需費用少的時候，則所謂維持機械所必要的東西——勞動，也必同樣不會漲高起來。如果所有的商品價格都低落下去，則同是一個商品的勞動價格，亦必隨之下落。並且隨後可以看出這種商品勞動價格之下落將比其他商品價格跌落的比例更大。如果勞動者總是相信經濟學家的話，就會感覺到一佛郎融解在他的口袋裏，只剩下五個所（Sou）而已。

這裏，經濟學家就會告訴你們說：

「不錯，我們承認勞動者之間的競爭在自由貿易制度之下確實不爲減少，所以工資就會伴着低落的物價而下落，然而另一方面，物價下落就會使消費增加，消費增加就要求生產增加，而生產增加就使得對於勞動者的需要更大。伴着這種勞動者需要的增大，工資就會漲高。」

這種議論全體的歸宿是這樣：

「自由貿易增加了生產力，如果在產業繁榮的時候，如果在財富，生產，總而言之生產資本對於勞動者的需要增大的時候，則勞動價格，工資，就會一樣騰貴。」

勞動者最有利的條件，是資本的增加，這是不錯的。當資本取休息狀態時，則產業不但會停頓，而且會退化。在這種情形之下，勞動必首先作他的犧牲品，勞動者會先資本家而滅亡。又如上面所述的；當資本增加於勞動者最有利益的時候，勞動者的命運究竟怎樣呢？他們還是一樣的滅亡。生產資本的增加惹起資本的蓄積與集中，又因資本的集中促起分工的發達和機械的運用，機械的發達就破壞勞動者特殊的技術，而以誰都能夠做的勞動來代替這種特殊性，因此，就使勞動者之間的競爭愈烈。

這種競爭，由於分工給予勞動者以一人能做三人份的工作的手段，愈益激烈。如機械規模很大時，就產生與此相同的結果，生產資本的增加，使產業資本家不得不儘量使用日漸增加的生產手段。因此，小產業家就會破產而淪入無產階級的陣營去。次之，利潤比例於資本的蓄積而下落，所以那些快就不能靠利息過活的小利貸業者，也不得不加倍的投身入產業界中，這樣，又會增殖無產階級的數量。

最後，生產資本越發增加，就越發不得不產生不知為那個市場所銷售的東西了。生產越發跑到消費的頭裏去，則供給越發強求需要了。其結果，使恐慌越發激烈而迅速的勃發起來。但是一切恐慌的勃發，資本集中的速進，都能增大無產階級的數量的。

並且，由資本的增加而增大的勞動者之間的競爭，在一產業部門內的更爲激烈。勞動的報酬普通的減小而勞動者的負担則增加於更少數人的身上。

一八二九年曼却斯特的三十六工場的紡織工人爲一千零八十八人。但到一八四一年時，僅不過*四百四十八人了。而這四百四十八人比一八二九年的一千零八十八人所使用的紡錘更多五萬三千三百五十三錘。如果手工勞動和生產力成正比例而增加，則織工人數應該遂到一千八百四十八人，由此可見機械的改良，奪去一千一百工人的工作。

* 748 誤否

我們在經濟學家尙未答辯以前就知道：在這裏被奪去職業的工人，會在別處去找另外的工作做。果然，波林格博士在經濟學者會議席上常常把這個話返覆的說過，但是，果然他又常時陷入矛盾。

一八三三年，波林格博士就自由貿易論者不容倫敦的久經飢餓幾瀕於死的五百萬手織工人投身於他們的新興作業，在英國下院講出一場演說。

現在把波林格博士演說中的最精采的幾段話引來看看。

他說：

「勞動者的貧困，是那樣容易習得，並且隨時可用許多方法代替的各種勞動所不可避免的運命。因爲在這種情形之下勞動者之間的競爭非常激烈，所以需要稍爲減退一下，恐慌就會發生了。至於手織工人，在某種意義上，爲人類生存界限的東西。更進一步，就是不能生存了。如果加上些許的打擊，就很容易陷入滅亡之途。因爲機械的發達，越發使手工勞動沒用，所以在過渡期間，總會惹起許多一時的痛苦。若不能以少數個人的不幸作代價，就不能取得國民的幸福。沒有落伍者的犧牲，產業就不會進步。而且在一切的發明中，力織機是壓迫手織工人的最利害的東西。即在從前許多貨物是由手工勞動製造的，手織工人也已失其戰鬥力，雖然現在還有許多是由手工勞動所製造，但是手織工人還是失敗。」

後來他又說：「這兒我帶有一封總督與東印度公司的通信。這封通信是關於達加(Dacca)地方的手織工的。總督在這封通信裏這樣說：「數年以前，東印度公司總要購買該地（達加Dacca）手織工製造的棉布六百萬疋乃至八百萬疋。後來需要漸次減少了，就減少至約百萬疋了。

這個時候，那些手工業幾乎完全停止了，並且在一八〇〇年的時候，北美由印度輸入棉布約略八十萬疋。一八三〇年，北美由印度輸入的棉布不到四千疋。最後，一八〇〇年有用船輸送棉布百萬疋到葡萄牙的。然而一八三〇年葡萄牙的輸入額沒有超過二萬疋。

這種關於印度手織工貧困的報告，實在可怕。然則，什麼是這種貧困的原因呢？

英國的製造品出現於市場，即織物由力織機生產，就是這種貧困的原因。大多數的手織工人餓死了，留下來活着的，就去作別的職業，就中以移到農業勞動的爲多。不能變更織業的人，就等於宣告死刑。並且在這個時候，達加地方充滿了英國製造的棉紗和棉織物。雖以美麗和貨地堅牢聞名於世界的達加棉紗，由於和英國機製的競爭，也同樣的絕跡了。東印度的全階級在這種方法裏所必須忍受的痛苦，在商業全史上，恐怕難得找出這樣的類例來。」

波林格博士的演說，只要這裏所引用的事實正確，那麼，是值得我們注意的，單只是遮蔽事實的口吻，帶有自由貿易論者宣傳的僞善的特徵。他以爲勞動者是可以出賣低廉的生產手段代替的生產手段。他似乎以他所說的勞動看出也有完全例外的勞動，同樣的，并在壓迫手織工機械中看出例外的機械。他却忘記了無論什麼手工勞動早晚是要遭遇與這種織物業相同的運命的一回事。

機械組織上一切改良之恆常的目的和傾向，實際上即使人類勞動全然無用，或使人類勞動的價格減低，而以婦女和兒童的工作代替成年男工的勞動，或以不熟練勞動代替熟練勞動。大部分的紡績工場，英語所謂 Throstle-mills，完全是十六歲乃至十六歲以下的少女從事紡織。因爲自動的紡績機代替了一般的手紡機，結果使大部分的紡績工解雇，而留下的僅只靑年與小孩。

惟有最激烈的自由貿易論者烏爾博士(Dr. Ure)所說的這些話可以補足波

林格先生的懺悔。波林格博士談到少數個人的不幸，同時說，這些個人的不幸可以消滅整個的階級，他談到過渡期間之一時的痛苦，同時他不否認這種一時的痛苦，對大多數人是由生到死的過渡期，以及對其餘的人是由以前的境遇變到更壞的境遇的過渡期，並且，當他說到勞動的不幸是產業發達不可避免的痛苦，又爲國民幸福所必要的東西時，他便直率了當的說。有產階級的幸福是以勞動階級的不幸爲必要條件的。

波林格博士所給與瀕死的勞動者安慰的話，以及一般的自由貿易論者所提倡的報酬說，其總結都是如此：

成千成萬垂死的勞動者諸君：你們不要絕望呵！你們可以安心的死去呵！你們的階級不會消滅的。你們的階級總是占大多數，所以，縱令資本家常時屠殺他們，也不要担心你們階級的絕種，再者，如果常是把用作榨取勞動者被榨取的材料——的資本乘從不顯，就會看出資本的多麼有利的使途。

但是，爲什麼自由貿易的實現及於勞動階級狀態之影響，仍然成爲須待解決的問題呢？從蒯斯奈（Quesnay）以至李嘉圖的經濟學家所說明的一切法則，都是在妨害商業自由的障碍已不存在的假定之下成立的。這些法則祭自由貿易的實現而確立。

這些法則的第一個，就是說的競爭使一切商品的價格跌落到該商品的生產費的最低限度。因此，工資的最低限度，即是勞動的價格。然而工資的最低限度是什麼呢？正是生產勞動者生活必需品使他好壞能夠養身體，並且至少得以繁殖他的種子所必需的一切東西。

不要由於這種說法就以爲勞動者只能得到最低限度的工資，也不要爲勞動者常是得到他的最低限度的工資。

如是，根據這個法則，卽令勞動者階級，也有比較幸福的時候。他們有時得到最低限度以上的工資，但是這種剩餘只能填補他們在停滯時期所領受的比最低限度更少的缺額而已。卽是說，要把勞動者在產業所發生的定常週期，經過繁榮，生產過剩，停滯，恐慌的變遷的期間內所領受的工資，有時比最低限度多，有時比最低限度少，統統計算起來看，（結局，他們不能得到比最低限度更多或更少的工資，這是很顯然的。）換言之，勞動者階級只有經過許多痛苦與貧困之後，並且經過產業爭鬥的戰場上流血犧牲之後，纔能維持成爲階級。但是這有什麼關係呢！階級單只仍然存續嗎？不然，況且日漸擴大咧！

不但如此，產業進步產生更爲便宜的生活方法，例如，火酒代替啤酒呀，棉花代替羊毛和麻呀，馬鈴薯代替麵包等。

因此，如果維持勞動的比較便宜而且輕賤的東西不斷的發見，則工資的最低限度，亦必隨之漸漸遞減。若果工資是爲生存而使人類勞動始，結果就使人類以機械的生活而生活終。人類的存在，除了當作一種生產力的價值而外，沒有別的價值。並且事實上資本家是照這樣看待的。

這種勞動即商品的工資的最低限度法則的眞理，從經濟學家所假定的自由貿易當作一個事實，當作一個證明出來。因此，我們或者否認根據自由貿易的假定之經濟學，或者承認在自由貿易之下，勞動者不得不爲經濟法則的一切嚴峻所支配，二者必擇其一。

總而言之，自由貿易在今日的社會狀態裏，究竟是個什麼東西呢？資本的自由就是這。如果你們把至今還能妨害資本發展的若干國民的障壁時，就能促成資本的活動完全自由。但是，如果僱傭勞動與資本關係一無存在，則商品與商品的交易必然在最有利的條件底下實行，但是，因而榨取階級與被榨取階級就會正常的存在着。如果資本使用在更有利上，則自由貿易論者想像消滅產業資本家和僱傭勞動者之間的對抗的主張，實在使人難得了解。事情恰好相反，資本使用於更有利的結果，使資本家與勞動者兩階級的對立顯示得更為明瞭。

有時，沒有什麼穀物條例，關稅和入市稅，並且勞動者所想像的他的慘酷狀態的原因，能夠想到的一切偶然事件，現在都完全消滅了。在你沒看到這種事情以前，你們就會揭穿勞動者認為真正敵人的藏影匿跡的黑幕。

並且勞動者明白，已成自由的資本之能使他們變成奴隸的作用，不亞於關稅的資本。

諸君：你們不要受了所謂自由那種抽象的話的欺騙，究竟為誰的自由呢？是個人對個人的自由，這是為資本壓迫勞動者的自由。

你們有什麼理由想藉這個自由的觀念來批評自由競爭呦？這個自由自身不已經是根據自由競爭的一定狀態的產物嗎？

我們已經知道自由貿易使同一國民的各階級所發生的友愛是怎樣。自由貿易所樹立的地球上各國間的友愛，非從友愛出發，這是不錯的。如像把國際性的榨取，以博愛的美名稱之，正是有產階級的懷中所發生的思想。自由競爭使國內所發生的一切破壞現象，都大大的反映到世界的市場上去。我們無須顧及自由貿易論者的詭辯，這種詭辯，正和薇普，莫斯及格勒格三位受償者的議論相同。

譬如這樣說：自由貿易能各國調和其自然利益生產，而造成國際的分工。諸君：恐怕你們以為咖啡和砂糖的生產，就是西印度自然的運命之自然的生產吧！

但是在兩世紀以前這塊（地方的）商業與自然界完全無關係，這塊地方既不生產咖啡樹，又不生產甘蔗。而且恐怕不到半世紀，在那裏找不出咖啡和糖。因爲東印度羣島以賤價的生產物去和西印度羣島的所謂自然的命運相戰爭獲得了勝利。而且這個西印度羣島，儘管有他天然的特惠，也早已和達加地方的手織工——他們仍然過着最初手織的運命——同樣成爲英國的一重負担。

還有一件決不可忘記的事情，就是今日的若干產業部門，和所有的東西成爲獨占的一樣，支配其他一切部門，並且使最能利用這種產業部門的國民，保障在世界的市場上的支配權。譬如在世界市場上，只有棉花比其他使用在製造衣服的原料，具有更大的商業上的價值。所以，自由貿易僅把各生產部門的二三特產物，以之與產業最發達的國家所便宜生產的日用相抵償，實在是可笑的消息。

自由貿易論者不能了解爲什麽一國能以犧牲他國而致富，不足爲奇，因爲他們同樣的不去了解爲什麽在一國之內的一階級能夠以犧牲其他階級而致富。

諸君：不要因爲我們批評商業上的自由，就以爲我們是擁護保護貿易論者的。

視立憲政體若仇敵的人，未必因此就視舊政府（法國革命以前的專制政——譯者）若友朋。

再者，保護貿易制度建設大規模的產業於一國以內，換言之，即是不外使該國從屬於世界市場的一方法。而且無論能否達到從屬於世界市場，先就多少是從屬於自由貿易了。加之保護貿易有種力量促使國内自由競爭的發達，此所以在有產階級開始表現其階級意識的國家，例如在德國，看見他們爲設定保護關稅而大大的努力。保護貿易制度，就是他們對抗封建制度和專制政府的武器，爲實行在國內自由貿易集中他們的勢力的一種手段。

但是在現在大概自由貿易是破壞的，牠是破壞守舊的國民性並且極端的推進資產階級與無產階級之間的對抗。總而言之，商業的自由制度，促進了社會革命，諸君，只有占這種革命的意義上我是贊成自由貿易的。

編者言

李亞爾諾夫

現在我們所發表底馬克斯遺稿，是在柏林德國社會民主黨記錄所保存的摘要簿之中偶然發見出來的。

這本簿子的封皮上記着「一八四七年十二月普魯塞」的日子。在這封皮上所標的社會主義的種種傾向及學派的表格，差不多和「共產黨宣言」第三章所載的表格無異。所以可以證明這個草稿確實是這個時代的東西，顯然是馬克斯親手編輯「共產黨宣言」的時候爲自己所寫的預備原稿。

我們在這篇草稿第一頁裏的「需要」項目之下，發現了用以描寫布爾喬亞底注意書是後來在「共產黨宣言」裏面講述過的。

在二頁的開端是「工銀勞動」的題目開始的。我們現在把牠原本的形態，將存於其中的一切——雖然不多——不厭重複的發表出來。

只要讀了馬克斯的這篇草稿，馬上就可以知道牠的內容是和馬克斯著的「工資勞動與資本」若合符節的。

照恩格斯說：「這本著作是在一八四九年四月四日以後的新萊因報紙的論說欄裏登載過的，所以牠的原身就是一八四七年馬克斯在布魯塞德國勞動者協會之講演，是照牠原來未完成的樣子印刷的。這篇著作末尾綴在萊因報紙二六九號的，因為發生急轉直下底時變之結果——在昂嘉利有俄羅斯人之侵入；在多雷斯登，伊則爾倫，威爾柏佛爾德，浦佛亞，及巴登，有匪徒之風起；以至報紙自身都停刊了（一八四九年五月十九日）——所以事事失其正軌，就是馬克斯遺稿中應續的一節也找不出了。

我們現在所以說恩格斯的話不大準確。我們在這篇草稿的開端——馬克斯在這草稿中把他已經分析過的節目又分七節——已經看出，雖然與馬克斯在萊因報上所印刷的沒有關係，至少在馬克斯用他的講義時是和這篇精密的草稿沒有關係的。

我們把這件事照下面那樣去想像。馬克斯爲要在布魯塞的勞動協會裏講演，所以在一八四七年及一八四八年年初寫了一個草案用作口演的基礎。馬克斯在新萊因報紙上關於「形成今日階級鬥爭及國民鬪爭之物質底基礎之處」和「布爾喬亞底存在及其階級的支配和與勞動者底奴隸狀態都是建築在同樣的基礎上的」這兩個基礎，都有敍述「經濟的諸關係」之必要。只要相信這一層，我們就斷定馬克斯爲改造他的演講起見是要利用往昔的草案的。

我們就馬克斯在新萊因報紙上的論說序言可以知道他是要用很平常的簡單的而且通俗的話去敍述。「我們只要不把經濟的最初步當作概念的前提，那麼，就可以理解勞動者了。」

他的計劃是要把他的論說分成三大部分。他想在第一部裏敍述工銀勞動對於資本的關係，勞動者的奴隸狀態，資本家的支配。第二部裏敍述中等市民階級 mittlers Burgerklsse 及農民身分 Bauernstand 在現代制度底下不可避免的衰落。第三部裏敍述歐洲各國的布爾喬亞階級為獨占世界市場的英國商業上所征服所榨取的情事。

馬克斯只能利用他的草案的第一部，這是很明顯的。他在他已經印刷了底論說上所討論的問題如下：工資是什麼？工資怎樣決定？並且隨着這兩個問題而起的問題；商品的價格依據什麼來決定也討論過了。

工資是勞動者出賣他的勞動力給資本家的價格這件事，就可證明這種勞動是和砂糖或其他的一切商品一樣的商品所不同的只在牠唯一底實是人類的血和肉這一點上。勞動爲勞動者自身生命的活動，是他自身生命的發現。因爲要保持必要的生活手段，勞動者就把這種生命的活動賣給第三者。因此，他的生命的活動在他看起來，不過是一種爲能生存的手段。所以他的活動的生產物也就不是他的活動的目的了。爲他自己而生產的東西只有工資。

在草稿上第一點可以看出馬克斯用非常簡單的公式展開他的思想。在附印了的講演中，不過爲區別工錢勞動者奴隸或家僕加了些說明而已。

馬克斯在講述工資是什麼而確定工資是和支配其他商品同樣的法則被支配着的話之後，他就轉到下面的問題了。商品的價格依什麼而決定？他是這樣回答的：商品的價格據着買手方和賣手方的競爭，對於需要之提供和對於供給之需要而決定的，用以展開他的第二點「當作商品的勞動是依據着競爭，需要及供給之關係的」。因此，三方面的競爭就成爲問題了。第一，賣手方之間起了競爭就使商品價格落下，第二，買手方起了競爭就使商品價格高漲，最後賣手方與買手方之間起了競爭，那就一方以最低的價錢收買，他方以最高的價錢出賣了。產業是把兩個相互對立的軍勢導入戰場的東西。但是，在這個時候構成部門的鬥爭，在他們各自的軍勢內也非常激烈。由這種鬬爭決定價格的動搖，價格的高潮和下落。是的，價格是由需要與供給的關係而決定的，然則需要與供給的關係又是由何而決定呢？此之所以要在第三點中作詳細的解答的，即是「供給自身是依存於生產費即生產一種商品所必要的勞動時間」

同樣，勞動力的價格是由生產費即生產該商品（勞動力）所必要的勞動時間而決定的。

其次須要詳考工資最低限度的問題了。馬克斯在講演上敍述的計劃稱爲有點變更，把問題移到第六點了。「所謂勞動者的平均價格和正當價格只切合于勞動者階級，不切合於勞動者個人的。」

「工資的最低限度和一般商品由生產費決定價格是一樣的不切合于各個，只切合於種屬的Gattung，各個勞動者雖是數百萬也不能領受自身的生存所必要的充分資料。但是全勞動者階級在這種勞動是和這個最低限度相一致的。（註）

（註 Karl Mars "Lohnarolit und KaPital"）

和這個相關聯的就是馬克斯在他的論文中說：勞動的價格是由必要的生活手段的價格而決定的。這是很明白的即馬克斯自第七節所返覆重述的定義。

馬克斯考察了規定工資底一般法則過後，就轉移到他的所謂主要的題目了，即工銀勞動與資本的關係。這個題目是相應於他的講演之往昔草案第三點「利潤與工資對立的關係，其經濟的定在Dasein存於利潤工資兩個階級的對立」的。

但只讀過馬克斯展開這種思想之最精采之一頁，就很能斷定他新萊因報紙上的論說已踏入主要的勞動問題之領域了。

馬克斯在布魯塞講述過德國勞動者工資的高漲及變動之一切階級鬭爭，並說明在這個鬭爭中促成勞動者諸協同 Srbeit-erassoziation 及組合Koalition的事是毫無疑義的。同時他在已經分析過的第五點至第七點之中加上了租稅，保護關稅的廢除及貧民數最底減少及與工資的影響等問題。但是他不把這些問題放在「工銀勞動與資本」的論文中去討論，並且他把組合意義的問題已經放在「哲學之貧困」裏面去討論過了。

現在我們來檢討一下「工銀勞動與資本」，馬克斯暴露了勞動與資本的利害不可避免的對立性，決定了有產階級生產關係的資本之歷史的性質之後，就把問題移到「資本的暴增及與工資以何等作用」上去了。

我們明白了馬克斯所說的：產業競爭的機構是怎樣使勞動的生產性強制的擴大起來，是怎樣使生產樣式生產手段不斷的變革，是怎樣促成比前更爲擴大的分工，比以前更爲大規模的勞動必然相伴而起，是怎樣的這種法則會使有產者的社會常時返覆循環的踏出牠的常軌又不停流的向前直進。

但是這些不離開資本的增大底事情及與工資的決定以何等作用呢？

一個比較大的分工能使一個勞動者做成幾個勞動的事，這就增大了勞動者之間的競爭。分工越是進步使勞動與此同一尺度的越是單純化，就越是失掉了勞動者的特殊熟練之意義，這是工資隨着競爭的尖銳化而同時下落的一個新的要因「主張勞動者作較多時間的工作，或在同一時間內提供較多的勞動，總而言之，只要勞動較多勞動者的工資亦應較大。」

機械亦及與工資以上述同樣的作用，馬克斯關於這一點批評過否認機械之有害作用的經濟學家的論證。他又證明只有被機械排除了的勞動者，他們領受低廉工資的時候纔得從一個產業的部門逃難到其他的產業部門中去。

因爲從上層社會排擠出來的人員擴充了勞動者階級的數量，——不耐產業競爭及資本利息下落的小生產者及小利貸業大衆之破產而墮入勞動者階級的陣營內，所以勞動者之間的競爭愈益激烈。

關於「工銀勞動與資本」的言論是這樣的，在破壞財富，生產品及生產力的一部分之方法上勞動者階級狀態就惡劣，其結果引起恐慌的爆發。

現在我們來檢討我們所發見的草稿！大多是將馬克斯曾經用爲新萊因報紙上的論說。在這草稿上應將一篇「生產力的增大及與工資以何等作用」，續於亞背孫 Stkinson，卡拉爾 Carlyle，馬苦洛克 mac Culloch，維德 Wade，巴柏基 Badbgge，辛爾比力 Cheri uliez 及布雷 Bray 的諸見解簡縮的總括之後。

但是論文裏面沒有照第二篇（勞動者與僱主之間的競爭）第三篇（勞動者自己之間的競爭）第四篇（工資的動搖）第五篇（工資的最低限）這個秩序去應用。以上各點恐怕是在馬克斯的演說中闡明的。他還有些論說和講演的計劃，就是關於第六，批評有利於勞動者的種種提案。第七，勞動者協同。第八，貨銀制 Sa ariat 等積極的一面。

草稿上有這些詳細章目的草案。在第七章裏馬克斯既已把歐文主義者布雷（註）所述的言論一一展開，又批評貯蓄銀行制度及其慈善經濟學者所辯護的職業教育制度，特別是馬爾薩斯的理論詳細加以檢 。

（註）他的足堪注意的著作是詳細的應用「哲學的貧困」

接着馬克斯又歸到已經在第一章裏講述過的問題，即生產力的增大及與工資上以何等作用。

只要讀過「資本論」第一卷的人，就可知道這個馬爾薩斯的批評是和資本的積畜過程篇第二十一二十二及二十三章的最初計劃相關聯的。原來這是馬克斯不得不做的一部著作，用以解釋正確的術語及一八四七年所暗示的命題的公式的。他已經感覺得批評李加圖巴爾頓(Barton)聖西門之時有分解一切要素之必要。然自往昔的術語脫化出來完成了一個新的體系。惟其如此，所以在我們所公刊的草稿上去研究馬克斯關於經濟領域內的見解之發達，頗有重大的意義。

可是其中有遺憾，在這草稿中惟獨沒有記載想以工資這新形式改善勞動狀態的人們——普魯東(Pronhdon)維甯(Weithinz)。關於普魯東的話已在哲學的貧困中討論了。

第七章的末尾，馬克斯還詳考過一個慈善的經濟學家洛基對於工資的見解，想維持一切人悉變為布爾喬亞以表現有產者的諸關係之範疇而排除上述的對立，是爲洛基引用過的，馬克斯把這個問題已經在哲學之貧困裏討論過。這裏第七章的草案就是哲學之貧困上關於組合之一章的重要補充。

第八章裏馬克斯想把布爾喬亞紀與資本的關係之歷史的意義諸篇作爲對比，去討論工銀勞動積極的方面，去討論社會及生產的新範疇之意義。有許多公式被他收入共產黨宣言中了。如果普洛力特李亞要革有產階級社會的命，那麼這種革命化的過程就與工資平均化的要求相結和，正是因普洛自身也不能跳出有產者社會的緣故。普洛力特李亞之所以有勞動者自身同業組合的習慣之養成，就是他們自己的偏見所致。他們以爲這樣從社會中解放出來，不止是打破了有產者的社會，就連他們自己的社會也被打破了。

我們在這裏要討論別一個問題，就是馬克斯的言論借用他的先驅的言論到如何程度，就中以誰爲最多？新的草稿是提供解決這個問題很有趣味的資料。

因此當馬克斯描寫勞動者階級狀態——工資的決定及其變動——的時候，指示出許多爲李加圖，維德，卡拉孫，及布雷所引用過的成案。

馬克斯並將關於自由貿易的演講中所引用的事實，拿來記載在這個草稿上，這些事實就是一八三五年波林格(Bowrinz)在英國下院演講中所引用過的。以及關於機械給與的影響一併拿來觀察。

馬克斯作成這個草案時他的經濟學批評尚未完成，所在這個敍述中所講的話多半是後來沒有用過的，後來關於科學上的術語馬克斯也解釋過，在他的經濟學著作中他說勞動者不是勞動力，勞動是賣給資本家以取得工資的東西。然而我們認爲從前附印的馬克斯記載上的術語，是與後來經濟學著述上的術語相一致的。至於修正字句或者是代代才更改的，省略完全是爲表遂原意的緣故。

附錄：工資

馬克斯遺稿

李亞闍諾夫編

工資

目次

▲

已經分析過的——

一　工資，商品的價格。

工資的決定與一般的價格之一般的決定相一致。

人類的活動——商品。

生命的發現——生命的活動——僅只當作手段發現出來，由這種活動分出來的現象當作目的。

二　當作商品底工資，依存於需要與供給之競爭。

三　供給自身依存於生產費即生產一種商品所必要的勞動時間。

四　利潤與工資對抗的關係，其經濟的定在 Dasein 爲利和工資兩個階級的對立。

五　爲工資的增高或變動之鬭爭，勞動者協同 Arbeiterassoziation。

六　勞動的平均價格或正常價格之最低限度，只能切合於勞動者階級不能切合於勞動個人的。爲維持工資而有勞動者組合Koalition。

七　租稅，保護關稅的廢止及軍備的縮減及予工資的影響。決定了的平均最低限度等於必要的生活手段。

B

補遺

一　亞肯孫 Atkinson（註）

（註 Wielliam Atkinson 經濟學原理，一八四〇年倫敦版）

一　手織機織工（手織工）（handloomsweauess〔Handweber〕）（其中五十萬人每日作工十五小時）

「勞動者的不幸（貧困）（distress〔elent〕）是容易習得之勞動技術而且由較廉的生活手段所生的危險之不斷的暴發所不可避免的條件。在供給充滯的時候，需要短時間的中斷就惹起恐慌。只要一個勞動部門歸於無用另一個勞動部門抬起頭來，一定惹起恐慌。遂加地方的棉花手織工的例。由於英國機械的競爭以至迫於飢餓而隨入農業。」(摘錄一八三五年英國下院波林格之演講。)

(關於一個商業轉於另一商業之推移底例可用爲自由貿易問題的討論。)

二　關於人口理論應該些微說幾句。

三　變更而擴大的分工及予工資決定之影響。

二　卡拉爾 Carlyle (註)

(註 Thomas Carcyle 其爾特經濟學倫敦一八四〇年版)

一　只有工資(Wageso(Lohlne))不得不估計。工資的質是可動的由Spiel 決定。

二　工資底特徵，就是使勞動者與雇主的必然性即利害關係更尖銳化。

及如最早中世紀家長一樣之點。

有救貧法驅除担稅力的勞動者。

三 勞動的最大部分不是熟練勞動 (Skilled Labour)。

四 馬爾薩斯主義者及共產主義者的學說，畢竟歸結到『勞動者由節制生育以固定需要之變動』。

三 馬苦洛克 mac Culloch（註）

（註 macucalloch 經濟學原理。倫敦一八三〇年版）

『勞動者存儲的工資，相當於機械所有者的利潤率，為補償機械的損磨及為過去損磨了勞動者代以新的供給之金額。』

四 維德(John Wade)(註)

(註 Wade:中等階級與勞動階級的歷史,倫敦一八三五年版)

一 『在一定的職業內(okkuPation〔Beschaftigung〕)使勞動者能作大量的工作。若單把一個機械作目的,就不能收得分工的效果。』

二 工資的下落使勞動節約他的支出,否則增大生產性,這種生產設使是在機械工場內勞動者勞動時間更爲延長或在手工者以同一時間作多量產品,由這兩種法則使之增大。然而只要需要一減少就能使勞動者的工資跌落,所以勞動者的無代價的供給隨之增大,其結果使勞動者的工資更爲下落。並且這就使布爾喬亞說:「只要個個人能夠勞動。」

三 通常,市場價格之不能有兩個不同的是普遍的法則。而且由這種法則支配低廉的市場價格。

有熟練相等的一百個勞動者，假定其中五十人失業了，那麼，價格不是由九百五十個就業的勞動者決定，乃是由五十個失業勞動者而決定的。

這種市場價格的法則在其他的商品比所謂勞動商品更爲重要，爲什麼呢？因爲勞動者不能儲存他的商品在倉庫裏面繼續他的生命的活動，否則失其生活手段以至必趨於死。

能夠買賣的商品勞動就這種無定的性質不能儲存之點是和其他商品一樣的，惟獨供給容易增加不易減少之點是和其他商品不同的。

四　資本家的親屬可以最低的價格收買極多的勞動。農業勞動者冬天必要更多的食物，燃料暖衣反而夏天比冬天所必要的更多。

五　設使日曜日的廢止對於勞動者爲純粹的損失。名目上雖是規定有日曬日，但是只願勞動十五時間而不管餐食的時間，工資必然變動，這是可想而知的。

六　工資由商業上的變動及時代的变替而決定。

七　勞動者已經在一個機械部門工作，若果變更到別一部門去必定比以前更為惡劣。勞動者常是回到從前的狀態。

機械與分工以低價的勞動代替高價勞動。

人們對勞動者這樣建議：

一　貯蓄銀行。

二　習得一切可能底勞動部門。（因此一個勞動部門的勞動者供給過剩其他各部門也都一樣供給過剩。）

八　在沉滯期間內。

（a）勞動之中絕。

（b）工資之低下。

（c）同一的工資在一週間工作時間少。

九　在職業聯合（手工業者同志的組合與協同）中應該下面的事項：

一　由勞動者出資組合之結果底機械發明。別的分工。工資的低降。

二　如果一國的利潤比其他各國的平均利潤顯著的下落，或資本的增加較爲緩慢，雖得維持工資的高額時，那麼，一國的產業就要荒廢而勞動者與其主人一道滅亡，並且向別地方的工場移動。

租稅的減少雖是對勞動者沒有什麼利益，但若租稅增加就反而對勞動者有害了。在有產者的社會發展中租稅增加的好處，在於使佃農及中小產業者的身分沒落而墮入勞動者的陣營去。

英格蘭的工資影響到愛爾蘭去，亞爾塞斯影響到德國去。

五　巴柏基 Babbage（註）

（註 Babbage 機械及工場手工業之經濟。倫敦一八三五年版）

物品貨銀制度 Trucksystem 。

六　安的牛·余萊 Andre w Ure（註）

（註 Andrew Ure 工場手工業之哲學　倫敦一八三五年版）

近代工業的一般原理即幼年代替成年，婦人代替男工，不熟練勞動者代替熟練勞動者。

工資之平均化爲近代工業的主要特徵。

七　羅西 Rossi（註）

（註 Rossi 經濟學講義第二卷，巴黎一八四三年版）

照羅氏的想法：

工場主不過是折扣勞動者之生產物的分額。因爲勞動者不能等待賣却他的生產物，這與生產過程沒有什麼關係。如果勞動者能夠等待出賣他的生產物就使後來的勞動組合員之分額貨幣化。

八　辛爾比力 Cherbuilez（註）

（註 Cherbuilez 富與貧，一八四〇年版）

一『生產資本的增加』

勞動過程是依存于

（a）生產資本的絕對量。

（b）資本之種種相異要素之間的關係不及勞動者意志以何等作用，

這兩個社會的事實。

二 勞動者的狀態之幸福與否不看勞動者的絕對消費乃看勞動者的相對消費。如果超過了必要的消費則享樂的價值是本質的相對的。

人們要談工資之下落與騰貴的時候，決不可漏落了全世界市場及各種相異地方的勞動狀態。

要求平等及其他的慾望，即決定公正工資的慾望。

工資的最低限度自身變動而次第的下落，火酒之例。

九 布雷 Bray（註）

（註 Bray 勞動之災害與救濟方策或強權時代與公理時代，倫敦，一八三九年版）

貯蓄銀行

在資本的專制主義學中有三重機巧：

一 貨幣流通國立銀行，銀行再將這些貨幣貸於資本家以得利潤。

二 政府是壓迫大部分勞動者的黃金之鎖。

三 因此，添加一種新的武器給資本家的手中。

工資只要一下落就漲不到最初那樣高了。絕對的及相對的工資。

C

一　生產力之增大給予工資以何種影響？（註）

（註與後面敘述的諸提案有關係）

機械，分工。

使勞動單純化，其生產費需要得少。生產費一減少就使勞動者之間的競爭擴大。

在勞動者的競爭與機械的競爭上所應注意的事項，就是手工勞動者（如棉布手織工等）較之直接在工場內作工的機械勞動者所受痛苦更深。

從一個勞動行程到別個勞動行程的推移，關于這一層，波林格（Bowring）於一八三三年議會席上說過關于印度達加地方的棉布手織工人的痛苦的。

被投入新的勞動之勞動者比較以前的勞動之手工勞動者更為惡劣。成年的勞動爲童齡勞動所代替，男子的勞動爲婦女的勞動所代替，熟練勞動由不熟練勞動代替了。

不是勞動時間之增加，就是工資價格之下落。

勞動者之間的競爭不但由于甲以比乙更低的價錢出賣他的勞動這會事，更有由於一個勞動者能做兩個勞動者的工作這會事。

生產力的增大一般的招致下面的結果：

（a）因爲享樂的價値是相對的，所以勞動狀態的惡劣對於資本家是相對的。享樂自身的確就是社會享樂之比例（relationen）關係（Beziehungen）。

（b）勞動者愈是在極短時間生產極大量的商品就愈是偏於一方的生產力。

（c）工資就愈是隨着世界市場和勞動者狀態的平均化爲轉移。

（d）在生產資本內之機械及有原料部分比有準備（有生活資料作準備的）的部分更爲急速的增大。

因爲這個緣故生產資本是傍着對勞動之需要的必然增加而增加的。

工資是依下面兩事爲轉移的。

（A）一般生產資本量。

（B）其構成部分之比例。

這兩點對於勞動者是不生什麼影響的。

（如果工資不變動則勞動者不能享受文明發展的什麼分額而是依舊的靜止着）。

一個新的生產力之發達常爲一切同時的勞動者作武器，例如交通手段的改善容易使各不相向之場所的勞動者發生競爭，使地方的競爭變成全國的競爭。

如果一切商品都跌價，就是說如果一切直接的生活必需品不抬價時。勞動者就穿上了襤褸的衣服，他的貧困染着了文明的色彩。

二　勞動者與雇主的競爭

（a）要決定相對的工資所應注意的事項，就是爲勞動者所有的一元美金沒有爲雇主所有的一元美金相等的價値。勞動者不得不出高價購買一切貨物，他的貨幣不能像雇主那樣能夠支配很多的商品，不能像雇主那樣支配很好的商品。勞動者不能不是浪費者，他必須違反一切經濟的根本原理買進賣出。

我們不得不注意一方面，不得不注意工資本身。然而勞動者的搾取是看他的成果是否要和其他商品相互交換纔發生的。只有香料零販，當舖，房東，是每次搾取的。

(b)雇主因爲支配着作業手段 Beschaftigungsmittel 因而支配着勞動者的生活手段。就如同勞動者的生命是依存於雇主一樣，好樣勞動者自身之生命的活動減縮到單成一個生存手段一樣。

(c)所謂勞動商品有比其他商品不利之點在。當勞動者與雇主競爭的時候，在資本家方面成爲問題的只有利潤，在勞動者方面則以生存爲問題。勞動比別的商品含有空洞的性質，牠不能積蓄。勞動的供給不和其他商品一樣容易增減的。

(d)雇主以抬高商品價格而不變名目上的工資來欺騙勞動者，用工場統治 Fabrikregime 家內立法 Hausgesetzgebung 現物賃銀制度 Trucksystem 等。

三　勞動者之間的競爭

（a）照一般的經濟法則不能有兩個市場價格存在。熟練相等的一千個勞動者之中不是以九百五十個就業勞動者決定工資的。而是以五十個失業勞動者決定工資的。愛爾蘭人的勞動者狀態影響及于英格爾的勞動者狀態。德國的勞動者狀態及于亞爾薩斯的勞動者狀態。

（b）勞動者不但因爲甲情願比乙更苦的勞動彼此總競爭，還有因爲一個勞動者能做兩個勞動者的工作也會發生相互競爭。未婚的勞動者比已婚的勞動者有利之點。農村及都市勞動者之間的競爭等。

四 工資的變動

工資的變動是由下面三事惹起的。

一　潮流的變化

二　時代的交替

三　商情的變動

而在恐慌的情形底下工資是怎樣：

（a）勞動節省他的支出。不是工資比生產力未增加以前更爲長時期的跌落，就是在生產力增加的同一時期內製造出比以前更多的產品。然而對於勞動生產物的需要減少了，因爲這個緣故勞動者的工資亦必下落，卽令在這個時候布爾喬亞個個人都需要勞動，勞動者還是使便利需要者之供給底壞的作用增加。加上過時勞動，因此他們的工資更見下落。

（b）在恐慌的狀態底下是完全失業的 Bechaftigungslosigkeit 工銀下落，或工銀不變而勞動日減少。

（c）在一切恐慌內發生下面關于勞動者的循環運動。

因爲雇主不能賣出他的生產物，所以不能使勞動者作工。因爲沒有購買者所以雇主不能賣出他的生產物。因爲勞動者的有勞動以外的東西可行交換，所以雇主不是他們的購買者。而且正是因爲這個緣故勞動者不能把他的勞動去交換。

（d）就工資的騰貴來說：所應注意的地方即是我們常須把世界市場放在眼裏。以及工資的騰貴要照別國的勞動者對于麵包需要的程度如何才能購得的兩件事。

五　工資的最低限度

一　勞動者所得的工錢是對所有者耗損他的機械他的肉體而生的利潤。其中必須包含機械損磨之補償，同樣必須包含新的勞動者代替衰老勞動者之補償賠補金額。

二　工資的最低限度就是說：設使日曜日廢止了豈不是勞動者的純粹損失嗎？雖是勞動者會在很困難的條件底下必須儲蓄他的工資。這是反對日曜日休業的慈善家們所說的話。

三　工資的最低限度平均的說來，雖是由必要的生存手段的價格來決定。但是應注意下面的事項：

第一　各國有各不相同的最低限度，譬如愛爾蘭的馬鈴薯。

第二　不僅這樣，最低限度本身還有一翻歷史的運動漸次降低到絕對的最低水準（level（Niveau））。火酒之例，最初爲蒸和水、其次爲穀物，最後才能釀造。

實際上招致最低水準與以力量的有下面幾件事。

一　是從生產機械的一般發展，分工，地域的桎梏解放出來的緊張而各異的勞動之競爭。因此

二　是租稅的增加及國家財政上的費用較為多額的時候就是說如像我們所知道的，一種租稅之廢止對于勞動者沒有什麼利益，但是專就尚未降低到最後一點之最低限度的工資說的，新的租稅對于勞動者是有害的。並且切合于布爾喬亞之一切交易上的錯亂與障碍的情形。在這個時候，應該注意的就是租稅的增加也能使佃農，小商人及手工業者沒落。

解放戰爭的例子，較廉的生產物及代用品之產業的進步。

三　這種最低限度在各國內努力以求平衡。

四　工資只要下落一次，雖是再又騰貴起來又不能漲到原來的高度。

而且在發達過程中工資有兩重的下落：

第一 比例于一般的財富之發達而相對的下落。

第二 由於勞動者在交換中收回商品漸次減少而絕對的下落。

五 由於大工業的發展時間漸漸變成商品價值的尺度，因而又成爲工資的尺度。由於文明的進步其所需要的勞動時間漸次減少，因而所謂勞動商品的生產更爲低賤。

農夫還能自由儲存餘暇時間工作。然而在大工業（不是工場手工業）就完全失其自主權。勞動者生活上一切的機能漸次歸於　。

尙有下面的幾節，

一 對于改善勞動者狀態的諸提案，馬爾薩斯，洛基，普魯東，波林格等。

二 勞動者協同。

三 工銀勞動之積極的意義。

六 對于救濟的諸提案

（1）最有名的一個提案是貯蓄銀行制度。

大部分勞動者不能貯蓄，這句武斷的話實在我們並不以爲然。

貯蓄銀行的目的——至少在牠嚴格的經濟的意義上——應該是像下面這樣的。勞動者以其自己的聰明才力把他們的工資在產業運動的循環中之繁營期間平均起來，這樣的最低限度的工資卽生活必需品像事實上並未支出的貯蓄於銀行。然而我們知道，工資的變動不僅使勞動革命化，並且，如果勞動者的工資有時漲到最低限度以上去時，那麼，生產的，公共財富的，文明的一切進步將要停滯。解放的可能性就會失效。於是工資扣算在有產者的計算機去，形成客觀的制度，給予鑑礎的靜止不變的性質。

以上的事實雖是這樣但是貯蓄銀行對于專制主義者有三種好處：

一 貯蓄銀行是政府壓迫大部分勞動者的黃金之鎖。不但使勞動者維持現狀時發生衝突。並且使勞動階級之已經參加了貯蓄銀行的一部分與未參加貯蓄銀行之一部分分裂。

二 是維持現存社會組織。即使勞動者在敵人的掌中被束縛于這種桎梏之下的社會組織的武器。

三 貨幣流回國立銀行，國立銀行再把這些貨幣貸給資本家，並且兩方平分利潤，那麼，就增加了資本，即以民衆利子已貸的貨幣——這正是資本集中的一大槓桿，——對於民衆的直接支配機。

（II）第二個最有名的提案是教育尤其是普及產業教育，我們不要理會這些懸案的矛盾，說起這個矛盾來是這樣的。近代產業使複雜的勞動漸次置入比較單純的勞動上。然而因爲是這種極單純的勞動，所以無須乎受何等教育了。我們也不要去理會近代產業把未成年的小孩都拉入機械勞動者，這不但是爲的布爾喬亞階級亦且爲的普洛力特李亞自己的父親的收入源泉，工場制度學校法歸入無效卽其例子。並且我們也不要理會若給勞動者以精神的教養，這是於勞動者的工資完全沒有影響的。教育是由一般生活的關係爲轉移的。而且布爾喬亞之所謂道德的教育，卽有產者的根本原理，其最後有產者階級不肯給人民受眞正教育的，卽有這種機會恐怕也不許勞動者享受的。

有一個唯純粹的經濟觀點特別提出來說說：

照慈善的經濟學者們講起來這種教育本來的意義是這樣的；勞動者因爲新

的機械之使用或是因爲分工之精密，由一勞動部門排擠出來了的時候，各勞動者馬上就可以習得許多部門的勞動就很容易很迅速的投向其他的部門去。

假定這件事是可能的。

其結果如果一個勞動部門的人多起來了，其他一切勞動部門的人也就同時多起來，而一種業務的工資下落，隨着就是比上述更直接的普遍的下落。

所以，旣然近代工業到處使勞動單純化，又因爲容易習得，自然一種產業部門之工資騰貴，馬上就把勞動者從這個產業部門中打退出去了，以至工資低下成爲一般的特性。

從有產階級方面看來，有許多的緩和劑自然不能列入。

(III) 我們不能不把第三個提案提出來。這個提案實上促成非常的結果。並且是繼續着前進的——馬爾薩斯的理論。

在這個全理論中我們只把我們必須考察的幾點提出來。

（A）工資額隨供給對需要之比例爲轉移。

工資可依兩種方法增高：

即在對勞動者的需要比對勞動的供給越急速的發增加，連勞動者的資本就越急速的發增加的場合。

又第二，即令資本不是急速的增加，勞動之間的競爭愈是微弱，人口的增加就愈是緩慢，因爲這個緣故 一面生產資本的增加對於勞動者不生什麼影響，相反的一面，勞動之中的供給即勞動者之間的競爭，因爲不育小孩故能減少。

把這種論調之完全錯誤，俗鄙及僞善的地方暴露出來，有下面數事：

（B）（這件事1生產力的增大對於工資不生什麼影響嗎？應該把這句話

加上去）參照1。

對勞動者的需要增加工資就增加，如果運轉勞動的資本增加了卽生產資本增大，這種需要也必隨之增大的。

此時有兩點應該注意的地方。

第一，工資漲高的主要條件是生產資本的增加，是生產資本之極限的急激的擴大，在勞動者方面作爲他們痛苦狀態的主要條件，因爲上述的緣故就使勞動者的狀態對於資本家階級漸次的低下，使勞動者的敵人——資本——的力量盡量的擴大，卽勞動者只是造出與他們對敵的力量，他們的對敵物，而且只有在這種強有力的條件底下才能保持他們的狀態。因爲在這種條件底下造出與勞動者對敵的力量，由這種力量加與勞動者以作業手段，這種作業手段再使勞動者造出資本，擴大生產資本，把生產資本投放在促進了的擴大運動的槓桿上。

那麼，應該注意的事項就是，如果遇着這種資本與勞動的關係，致力棄主義者以其他的仲裁看來實在滑稽得很。

第二　把這種關係一般的解釋了之後，尙須加上第二個主要的要素。即是生產資本的增大究竟是怎樣的一回事？是在什麼條件底下實行的？

資本的擴大和資本的蓄積及集中是同樣的東西。資本愈是蓄積愈是集中就愈促起一個較大規模的勞動及因此而更單純化的勞動之其他分工，因此又引用更大規模的機械和更新的機械。

即是生產資本愈益擴大勞動者之間的競爭就愈益激烈。否則分工愈益單純化各勞動部門內無論何人都很容易工作。

勞動者之間的競爭之激烈必須與機械以同一比例而擴大。生產資本的蓄積與集中漸次使生產規模擴大。因此供給資本之間的競爭底下貨幣利息漸次下落，又因此惹起下述事項：

小企業不堪與大企業競爭而沒落，由布爾喬亞階級的構成部分墮入勞動者階級的陣營來，勞動者之間的競爭，由小生產者之沒落而激烈，這種沒落與生產資給下不解緣。

同時因爲貨幣下落的緣故，以前不參加產業的資本家不得不產業化。即不能不導入大產業的新戰爭中去犧牲。就這一方面說：勞動者階級也會增加，勞動者之間的競爭也會擴大。因爲生產力的擴大產生更大規模的勞動，一時的過剩生產很爲必要，世界市場更爲擴大而且恐慌在世界市場的競爭中愈爲激烈。勞動者添加了結婚與生殖的突然激厲的手段，使勞動者們集積於更大的羣衆之中，而且勞動者的工資更大激烈。那麽應有的新恐慌直接喚起勞動者之間的競爭遠甚於往昔。

通常隨着最快的交通手段促進了流通行程，狂熱的資本交易，而擴大的生產力就在同一期間內能夠生產較多的物品，所以競爭的法則必然產生較多的產品，卽生產愈在困難的條件底下施行，而且因爲不堪這些困難條件底下的競爭不得不行使更大規模的勞動，資本也不得不漸漸集中於更少數人之手。因爲要使這種生產在大規模的勞動底下收得效果，就不得不使分工與機械不斷的而且過度的擴張。

在比較困難的條件底下的生產，與當作資本之一部的勞動者也有關係。勞動者在比較困難的條件底下卽對於更少工資與多勞動之更低的生產費，不得不生產更多的產物。因此最低限度本身更爲減少而生活享樂降低到最低限度以下。然而勞力工作也更強起來。

而且生產力的擴大使資本的支配力強大，對於勞動者則由機械而使之單純化。又因擴大了的分工與機械之應用，因爲形式上附加於機械生產的比增金Pramie因爲行將沒落的布爾喬亞階級之間的競爭，使勞動者之間的直接競爭愈益激烈。

我們可以用一個最簡單的公式來說明，生產資本是由三個構成部分而成立的。

一 精製過的原料

二 如機械及石炭等之機械運用上所必要的材料建築物等。

三 爲勞動者的生活上一定的資本部分。

然則當此生產資本增大的時候，構成這個生產資本的三部分之間的關係怎樣呢？

生產資本的集中與生產資本的擴大是相結托的，又生產資本的集中，與只有在大規模的生產上才能獲得利潤的生產資本這件事是相結托的。

資本的大部分像這樣化於勞動的器具裏而且勞動器具行使的生產力越是擴大，則轉化於機械的資本部分也就越發增大。

伴着及分工的擴大，在較短的時間內能夠生產同樣或較多的產品出來。因此原料的貯存也必隨之增加。由生產資本的擴大轉化於原料的資本部分必然擴大，留下來的，只有為勞動者生活上決定的部分，即代替工資的生產資本的第三部分。

然則生產資本的這一部分擴大對於其他兩部分有什麼關係呢？

不是不均衡的算術而是高於幾何學的。(註)

(註：這一句是馬克斯後來加上去的)

隨着較大的分工而起的是一個勞動能敵三四個勞動者從事生產。其結果使機械以同樣的狀態在大規模的使用。

首先自然明白的事項就是：如果轉化於生產及原料的生產資本部分之擴大，不是伴着決定工資的生產資本部分同樣的擴大。在這種情形底下，機械的使用及更為擴大的分工之目的歸於失敗。因此自然發生的事項就是決定工資的生產資本部分與決定機械及原料的生產資本部分，不以同樣的比例而擴大。不但如此，並且生產資本即資本上的資本力越是擴大。則與比例于此的機械及原料上使用的資本與工資上所先墊的資本之不均衡亦隨之擴大。決定工資的生產資本部分比較使用在機械及原料上的資本部分漸次更為縮小。

資本家在機械上投放了最大資本之後，就不得不以最大的資本使用於原料及機械的運轉上所必需的原料購買上了。然而如果資本家以前是雇用一百個勞動者的，現在恐怕只須雇用五十個勞動者就夠了。否則資本家恐怕要把其他部分的資本增加二倍，卽將不均衡的程度特別加大起來。資本家不是把五十個勞勳者辭退，就是以五十八的同額的價格雇用一百個勞勳者。因此，市場上就發生了過剩的勞勳者。

變化過（改良過）的分工只有使當作原料的資本部分增加。恐怕一個勞勳者能夠代替三個勞勳者咧！

然在最便利最良善的情形底下，資本家不但能夠維持勞勳者的數量。增加勞勳者的數目以擴大他的企業，這樣一來，因爲勞勳者或是同前一樣或是增加的緣故，生產必定大爲增加。而且勞勳者數量的比例在對生產力的比例上呈現相對的無限的擴大的不均衡。過剩生產因此而促進，而且在相繼恐慌的時期比以前更多的勞勳者行將失業。

因爲這個緣故，轉化於機械及原料上的資本部分卽資本上的資本，由生產力的擴大而失其對於決定工資的資本部分的均衡。換一句話說：勞動者比起生產資本的全部來就次第分配於較小的部分。勞動者之間的競爭更爲激烈。這就是說資本與勞動之關係的性質上必然發生的一般法則，更加詳細的說：只要生產資本一擴大，勞動者的作業手段及生活資料就比較的減少。也就是說勞動者的人口對其作業手段的比例上增加了。

如果上述的不均衡不消失，那麽，生產資本必然以幾何級數而增加。在增加過後的恐慌時期，整理或改造資本必然的使資本更又擴大。

純粹由勞動者對資本的關係所起的這種法則，由於上述的緣故，在勞動者方面最便利最良善的狀態裏——只有資本急激的增加勞動者的狀態才會惡劣——所發生的這種法則，是藉着布爾喬亞由一個社會的法則轉化於自然的法則的東西，其所以這樣說的，就是勞動者的人口依自然法則是要比生活手段及作業手段更爲激烈的增加之緣故。

勞動者不能理解在生產資本的增加之中含有這種矛盾的增加的事項。

我們要把最後的這種法則討論一下。

生產力特別是勞動 自身的社會能力，不是報酬勞動者的 而是反抗勞動者的。(註)

(註：這一句是馬克斯後來加上去的)

(C) 第一個不合理

我們已經知道，如果生產資本擴大——是指經濟學家們作爲前提的最妥善的場合——或者說，如果對於勞動者的需要增大了，勞動者的作業手段不會比例於生產資本而擴大。並且唯其具有生產資本同樣的條件，所以使勞動的供給與需要之不均衡急激的擴大。換一句話說：生產力的擴大同時使勞動者與其作業手段的不均衡擴大的事情，是存在於近代產業的特性與資本的性質中的。如果這件事不是依存於生活手段的增加的，就不是依存於人口之增加的。就其本質觀察是由大資本的性質與資本及勞動的關係而發生的。

但若生產資本之增加緩慢，或生產資本停滯或減少時，則勞動者的數量比對勞動的需要常大。

在兩種情形底下，一種是最便利最良善的情形，一種是最惡劣的情形，勞動的供給從勞動與資本的關係以及從資本自身的性質發生下面的結果，那對於勞動的需要必然的增大。

（D） 勞動者階級不得不節制生育的場合，勞動者的狀態反而以性慾爲至要的享樂專在這一方面發展。

布爾喬亞除壓下勞動者的生活資料之最低限度以外，更制限勞動者的再生產數的最低限度。

(E) 但布爾喬亞絕不求這忠告的實施，這是下面的事實可以證明的。

第一，近代工業以小孩替大人，於是從小孩所生產的償還金中分利。

第二，大工業必然招致過剩時期的失業勞動者的產業預備軍，通常布爾喬亞對於勞動者的主要目的，實在就是想把勞動商品以最低廉的價格買入，但是這種事情只有在勞動商品的供給對需要的關係非常之大，即在極限的人口過剩的時候才為可能。

所以過剩人口是布爾喬亞的利益，而且他們以他們所知道的對勞動不能實行的事項給勞動者一個忠告。

(F) 資本只有在勞動者運轉的場合才能增加，所以資本的增加包含着普羅階級的增加，而且像我們所知道的，從資本與勞動關係的性質上，無產階級的增加事相對的而且是急速的。

（G）　是上述的理論在自然的法則上是人口的增加比生活手段的增加快些，既有這樣不好的表現，那麽，這種理論就能鎮定布爾喬亞的良心，使他們的慘酷變成道義，使社會的結果變成自然的結果而且爲布爾喬亞所喜歡，最後布爾喬亞把冷靜的飢餓，不動熱情之沒落當作自然的事情去傍觀，在另一方面，他們把無產階級的貧困當作無產階級自己造出的罪惡去觀察而且加以處罰的機會，無產階級實際上可以把自然的本能由理性去壓制，而由道德的監視可在有害的發展行程中妨碍自然的法則。

（H）　救貧立法可作這種理論的應用來觀察。一般的砒業工作房的赤貧。再足爲文明內部的製粉車。野蠻狀態重復出現，這是文明本身胎胚中的產物。關於文明的，因此，癩病的野蠻。勞動者夫婦的分離。

四　我們現在簡單的把那些認爲勞動者的狀態可由他的工資決定上改善的人們所說的話引來看看。

普魯東

五　最後慈善的經濟學者關於工資的言論之中有一個的見解可以說一說。

（a）許多經濟學者之中特別只有羅基作下面的分析。

工場主對於勞動者不過是和折他的生產物的分額，因爲勞動者不能等待他的生產賣掉，如果勞動者自己能夠賣盡他的生產物，那麽，他們後來的組合員的生產物的分額就要貨幣化，也就和本來的資本家與產業資本家之間一樣。而且勞動者分額恰恰採取工資的形態，這是偶然的事，是投機的結果是演奏生產行程的配脚，而形成其自然的要素之特別的行爲的結果。工資不過是現在社會的偶然形態，不是什麼生產上必須的要素。在別的社會組織之下就會消失。

(b) 如果勞動者不能直接出賣他的勞動而能生活，而能儲蓄他的勞動，卽是如果一切勞動者同時又是資本家，卽是因此沒有工銀勞動者之對立物的資本——沒有工銀勞動資本不能存在——作前提的時候，就沒有工資的形態。

(c) 這是不可否認的事實。工資不是有產者的生產上偶然的形態。但是全有產者的生產是一時的快要過去的歷史的生產形態。其全關係，資本，工資，地租等統是一時的東西，發展到了一定的時候就要消滅的。

七 勞動者協同

人口理論有一個機能，卽是這種理論能使勞動者之間的競爭減輕，協同(勞動糾合)的目的在以勞動者之間的團結避免他們的相互競爭。

反對協同的經濟學家說：

一　勞動者負担協同的費用比勞動者所希望得到的收益更大。經過久長的時間之後，他們就失去抗敵他們的競爭的法則。這種組合喚起新的機械，新的分工於一切生產場所。這一切的結果得到工資的減少。

二　如果在一個國家的利潤比其他各國平均利潤顯然低下而組合尚能抬高勞動的價格，或是，如果資本愈是妨碍組合的擴大而組合愈能抬高勞動的價格，其結果就使產業停滯或退化，而且勞動者與其主人一道滅亡。為什麼這樣說？像我們所知道的，因為這是勞動者的狀態。勞動者的狀態當資本擴大時就飛躍的惡化。但若當資本減少或停滯時，勞動者就會開始滅亡。

三　我們已經說過的，這些經濟學者各有各不相同的議論，然而只有在他們的眼中看來，如果把這種組合看為主要的東西，即是工資的決定是現實的緊要，如果工資與資本的關係是永久的，那麼，這樣組合就違反事物的自然而滅亡。但是組合是勞動階級團結的手段，是對隨着階級對立而來的舊社會崩壞的準備手段。在這個立場上去觀察有產階級的學校教師正是好笑極了。他們把市民戰爭打敗的死傷者及為市民戰爭化費的金錢上的犧牲都計算在勞動者身上。要想討敵就不能計較與敵人戰爭所需的費用。而且勞動者不會怎樣偏狹的，能得最上工資的工場勞動，首先組織組合。並且將他們的工資之一部供給政治的及產業的協同設立費用。這些事實都是經濟學家們自己可以證明的。那些布爾喬亞的紳士先生們及他們的慈善經濟學者們，把許多的茶，火酒，及砂糖與肉計算在勞動者工資的最低限度內卽生活資料的最低限度內，其慈善更深點的，就把對布爾喬亞的戰爭上若干費用一併計入，並及勞動者在他的革命的活動中所需生活的享樂品等費也都計入勞動者工資的最低限度內，實在可恥實在不能了解。

八　貨銀制的積極的方面

最後尙有貨銀制的積極的方面應該注意。

(a)人們把貨銀制的積極的方面放在口裏講的時候，總以爲是資本，大工業，自由競爭，世界市場的積極的方面。所以以爲沒有這種生產關係爲無產階級之解放及新社會的建設上的物質的手段就不能創立。並且無產階級不能團結和發展，對於新社會的革命精神，這是不待分析的工資的平均化。

(b)我們自己最嫌惡的就是使我們的活動完全成爲商品徹頭徹尾的買賣雖是使我們的工資抬高。

第一，此處完全失其家長之點形成唯一的買賣關係，貨幣關係形成雇主與資本家之間的唯一關係。

第二，神聖的外觀之所以從一般舊社會的一切關係脫離出來，因爲這種關係解消於純粹的貨幣關係之中了。

同樣，一切所謂高級的勞動，精神的，藝術的等勞動一變而爲商品，因此就失去往昔的靈感，僧侶，醫生，法律家，宗教法律等，只有漸次由牠的交換價值而決定，這就是說沒有偉大的進步。

第三，勞動成爲商品而且商品一投入競爭的場所，人們就努力的以最低價卽最低生產費生產這些商品。一般的說來這就是一切肉體勞動者之所以爲強力的社會組織變成極容易極簡單的緣故。

自由貿易問題（全一册）

實價四角

著作者 馬克斯

譯述者 鄒鍾隱

出版者 上海聯合書店

總發行所 上海四馬路中市

上海聯合書店

1930.8.20. 初版

1——1500

社會科學名著

書名	著者	譯者	實價
自由貿易問題	馬克斯著	鄒鍾隱譯	實價四角
學生底馬克思	愛德華著	吳曲林譯	實價六角
社會主義的農業理論	宓爾郁汀著	劉君榮譯	實價四角
政治經濟大綱	瓦里夫松著	王季子譯	實價八角
蘇俄農村生活	Karl Powelrs著	陳洪進譯	實價七角
蘇俄新學校	威爾遜著	易鴻譯	實價六角
蘇俄革命與宗教	Julius Hecker著	甘大新譯	實價七角
辯證法唯物論	狄慈根著	阿柏年譯	實價五角半

后记

“马克思主义经典文献传播通考”丛书经过三年多的立项、写作、编辑，终于呈现在广大读者面前。

“十月革命一声炮响，给我们送来了马克思列宁主义。”从此，以李大钊为代表的中国先进分子选择了这一思想并积极推动马克思主义政党的建立。中国共产党成立后，坚定地把马克思主义作为指导思想和理论基础，推动着中国革命、建设和改革事业不断胜利，推动着中华民族复兴伟业不断前行。2018年是马克思诞辰200周年，2020年是《共产党宣言》第一个完整中译本出版100周年，2021年是中国共产党成立100周年。在这样的背景下，我们推出了“马克思主义经典文献传播通考”，就是要探寻马克思主义经典文献是如何传入中国的；在传播过程中，无数前辈付出了怎样的努力和牺牲；这些经典思想又怎样与中国实际相结合、与中国文化相融合，从而成为指导中国革命和建设的强大思想力量。

辽宁出版集团和辽宁人民出版社秉承出版理想，担当出版使命，以强烈的主题出版意识，承担了这一重大出版工程的编辑出版工作；积极组建工作团队，配备优秀编辑力量，为此项出版工程的顺利推进提供了多维度保障。

在出版项目实施过程中，杨金海、李惠斌、艾四林三位主编以高度的责任意识、严谨的治学态度、扎实的学术功底和深厚的专业素养，为丛书的研究方向、学术内容、逻辑结构、作者选择、书稿质量把关等贡献了大量的智慧，是这套丛书得以顺利出版的根本保证。王宪明、李成旺、姜海波三位副主编全力配合丛书主编工作，为丛书的编写付出了大量心血。特别是常务副主编姜海波全身心投入丛书的编写工作，从丛书所附影印底本资料的搜集，到书稿编写的整体协调和联络，都精心负责，其认真的工作精神和勤奋的工作态度，令我们感动。原中央编译局的领导和研究人员为本丛书的出版作出了积极贡献。原副局长张卫峰在选题立项、主编人选的推荐和丛书的设计上给予热心指导；中央编译出版社原社长和龚先生和我们一起全力推动丛书的出版，贡献了智慧和力量。清华大学马克思主义学院作为项目的主持方，为项目的平台建设和未来学术发展提供了强有力的支持。每本书的作者都殚精竭虑、勤奋写作，奉献了自己的学术和研究成果，成就了如此大规模丛书的出版。我国理论界和翻译界的著名专家陈先达教授、赵家祥教授、宋书声译审等对丛书的出版给予鼎力支持，为丛书的出版立项积极推荐，给我们以巨大鼓舞。我们出版行业的老领导柳斌杰对丛书的出版给予大力支持，提出许多宝贵建议，提升了其出版价值。辽宁出版集团专家委员会的许多成员对该丛书的出版给予了智力和业务上的支持帮助。作为丛书的出版方，我们向他们表示深深的谢意！

一项浩大出版工程的背后，必定有一批人的智慧付出和竭诚奉献。今天，当出版成果摆在读者面前之时，我们由衷地向每一位对本丛书问世作出贡献的人致以崇高的敬意和诚挚的谢意。由于我们水平有限，在编辑出版过程中难免出现疏漏，还望广大读者批评指正。

编　者

2019年7月